Santa Muerte

Seu culto tradicional, suas poderosas orações e seus feitiços infalíveis

Santa Muerte

Seu culto tradicional, suas poderosas orações e seus feitiços infalíveis

Sébastien de la Croix

Todos os direitos reservados © 2024

É proibida qualquer forma de reprodução, transmissão ou edição do conteúdo total ou parcial desta obra em sistemas impressos e/ou digitais, para uso público ou privado, por meios mecânicos, eletrônicos, fotocopiadoras, gravações de áudio e/ou vídeo ou qualquer outro tipo de mídia, com ou sem finalidade de lucro, sem a autorização expressa da editora.

Dados Internacionais de Catalogação na Publicação (CIP)

C942s   Croix, Sébastien de la
            Santa Muerte: seu culto tradicional, suas poderosas orações e seus feitiços infalíveis / Sébastien de la Croix. - São Paulo : Arole Cultural, 2024.

            ISBN 978-65-86174-32-8

            1. Religiões afro-ameríndias. 2. Crenças populares. 3. Catolicismo popular mexicano. 4. Rezas e orações. 5. Feitiços. 6. Ocultismo. I. Título.

2024-899

                                                  CDD 299.6
                                                  CDU 299.6

Elaborado por Odilio Hilario Moreira Junior
CRB-8/9949

Índices para catálogo sistemático:
1. Religiões africanas 299.6
2. Religiões africanas 299.6

É com satisfação que aponho meu *Imprimatur* nesta obra, que bem reflete os fundamentos originais e tradicionais do culto mexicano da Santa Muerte.

✢ Imprimatur

Mar Tau Abraxas, Ep.Gn.
*Patriarca da Igreja Gnóstica
da Santíssima Morte para o Brasil*

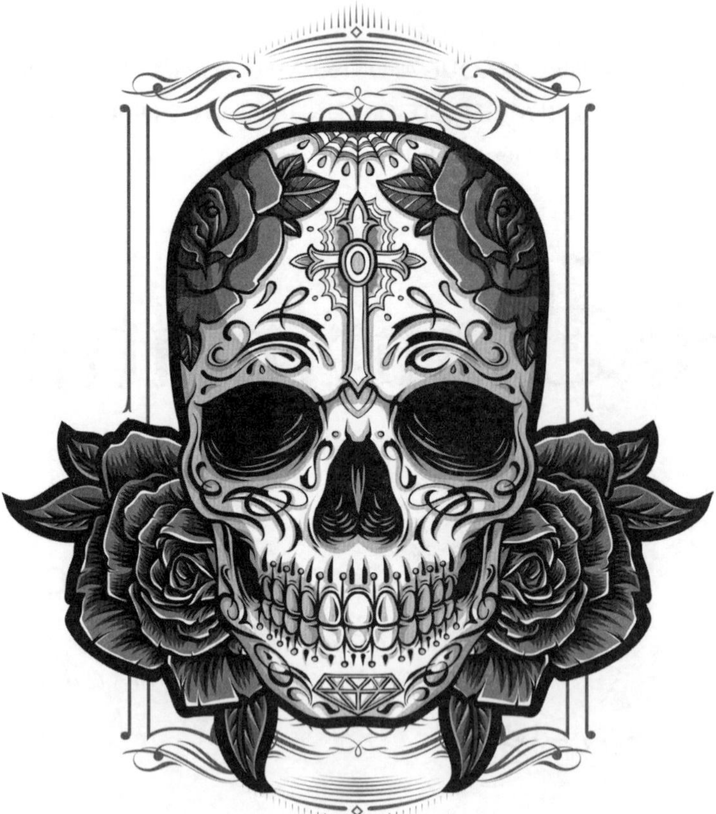

Sumário

Prefácio 13
Alguns alertas antes de começarmos 17
    Este livro irá chacoalhar o seu sistema de crenças 17
Como tudo começou 21
Visão Geral 25
A História Da Santíssima Morte 29
Trabalhando Com Santa Muerte: O Sistema Tradicional Dos Três Mantos 39
    La Blanca 40
    La Roja 41
    La Negra 42
Montando seu Altar 43
    Alimentando a imagem 44
    Despertando o poder de Santa Muerte 46

    Tabus e interditos do culto 48
    Desfazendo-se dos objetos de culto à Santa Muerte........... 50
OFERENDAS PARA A SANTÍSSIMA MORTE **51**
    Dias da semana mais apropriados................................... 52
    Números associados às oferendas..................................... 53
    O túmulo da Santíssima... 54
    La Tributa 54
    La Manda 56
    Banhos na força das três "meninas"................................. 57
SIMBOLISMOS... **59**
    Balança 59
    Coruja 60
    Ampulheta 60
    Foice 61
    Globo terrestre.. 61
    Lâmpada ou Lamparina.. 61
CORES E VELAS.. **63**
BREVIÁRIO DE RECEITAS..**71**
    Óleo da Santíssima Morte 71
    Água da Santíssima Morte.. 72
    Incenso da Santíssima Morte 73
ORAÇÕES **75**
    Credo da Santíssima Morte 76
    La Persinada ou Sinal da Cruz... 77
    Pai-Nosso da Santa Muerte.. 77
    Ave-Maria da Santa Muerte 77
    Invocação à Santa Muerte 78
    Oração à Santíssima Morte da Saúde 78
    Oração para todos os momentos..................................... 79

Oração Rimada 79
Oração à Foice Protetora da Santíssima Morte 80
Oração para La Blanca 82
Oração para La Roja 82
Oração para La Negra 83
Oração das Cores da Santa Muerte 83
Oração de agradecimento 85
Oração de agradecimento 85
Oração Diária 86
Oração à Santíssima Morte 87
Três Orações Curtas 88
Novena para dominação amorosa 89
Novena à Santíssima Morte para qualquer necessidade ... 93
Oração de Proteção 96
Oração da Saúde 97
Oração para Prosperidade 97
Oração para dominação 98
Oração para atrair dinheiro 99
Oração para obter um favor urgente 101
Oração contra fofoca e boataria 102
Oração para encontrar emprego 102
Oração das Três Graças 103
Conjuro para o amor 103
Oração das Sete Mortes 104
Oração para separar um casal 105
Oração para acalmar a uma pessoa muito nervosa 107
Oração para escapar da cadeia e da Justiça 107
Oração da Pessoa Endividada 108
Oração para ganhar no jogo 109

Oração para consagrar o dinheiro 110
Oração contra magia maléfica 110
Oração para abrir caminhos 111
Para ganhar um processo judicial 112
Oração para sair da cadeia 113
Conjuro do Cigarro 113
Oração para trazer de volta a pessoa amada 115
Oração das Lâminas 118
Oração da Rosa Branca 119
Oração para a cura de si mesmo 120
Oração para começar um novo projeto com La Blanca. 121
Oração para ter coragem com La Roja 122
Rosário da Santíssima Morte 122

FEITIÇOS 131

Feitiço simples para todos os fins 131
La Limpia 132
Feitiço para afastar todo tipo de inveja e más energias .. 134
Feitiço básico para o amor 135
Amuleto de proteção 136
Feitiço para fazer o seu negócio crescer 137
Feitiço das Sete Moedas 138
Feitiço do copo da abundância 139
Feitiço para cortar vícios 140
Velação de cura para pedir por um doente declarado incurável 140
Feitiço para ganhar dinheiro rápido 142
Feitiço para prosperidade 143
Feitiço para arrumar emprego 144
Feitiço de destruição 146

Feitiço de maldição 146
Velação para um favor amoroso 148
Feitiço contra malefícios 149
Feitiço de Proteção 151
Velação para ser invencível nos negócios e no trato com o dinheiro 152
Velação para pedir pela liberdade e a vida de um prisioneiro 154
Feitiço para tirar alguém da cadeia 155
Feitiço contra o alcoolismo 156
Elixir para cortar malefícios 157
Feitiço para esquecer um amor 159
Trabalho para se livrar de dívidas 160
Pó para a abundância 161

POSFÁCIO FECHANDO OS OLHOS **163**
REFERÊNCIAS **173**

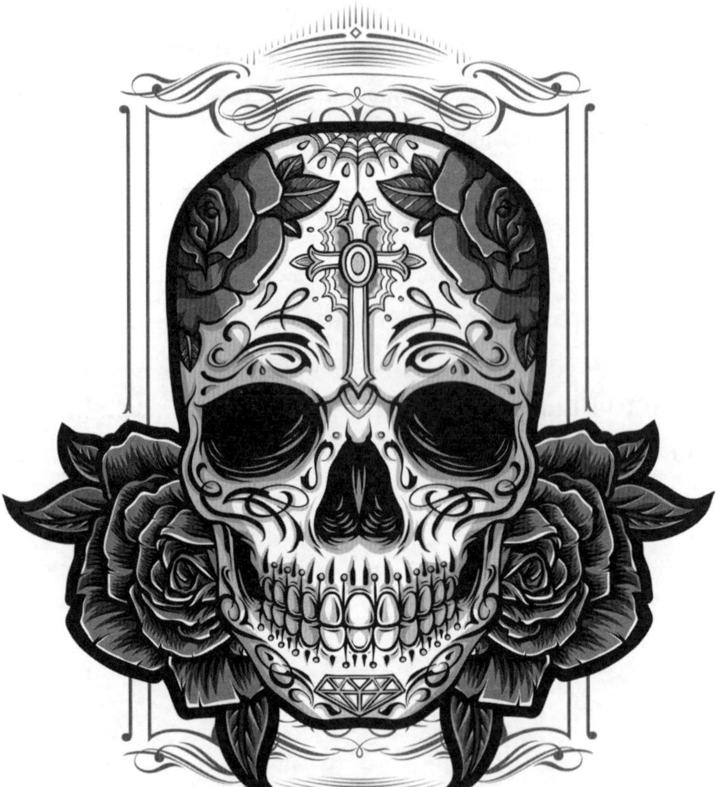

Prefácio

por Nicholaj de Mattos Frisvold

A Santa Muerte é uma dama óssea bela e terrível, que segura o mundo e uma foice em suas mãos. Ela é aquela que surge no termo da sua vida e é aquela que é celebrada em todos os festivais nos quais as almas são honradas. Ela também é conhecida como *La Parca*, Senhora Morte e como a Santa da Morte Boa e Sagrada, sendo reconhecida como o fator necessário no *ouroboros* da vida.

A Igreja Católica não a reconhece como uma santa, embora o critério para beatificação, a elevação de um ser humano na morte a um santo que produz milagres, seja claramente também uma de suas características principais. Entretanto, é evidente que uma santa que aceita oferendas de sangue, pólvora, álcool e tabaco, trabalhando mais no reino dos milagres e da proteção, sem a presença de confissões e de dogmas absolutos, seja mais identificada com o diabólico do que com o sagrado.

Além disso, suas origens mesoamericanas como uma menina nativa que se torna uma divindade asteca é problemática para a canonização católica. Como qualquer santo, ela teve primórdios humildes e mortais, uma criança que foi sacrificada para os deuses astecas de tal maneira que o dito sacrifício se tornou uma hierofania espetacular. A menina mortal sacrificada tornou-se a divindade *Mictēcacihuātl*, senhora da morte e esposa do deus do mundo inferior, *Mictlantecuhtli*. A ela foram dados os ossos dos mortos como suas insígnias e ela também foi escolhida para reger os festivais e festividades em honra própria como a Senhora Morte. Ela tornou-se a importância da celebração da vida, lembrando que a sombra da morte acompanha a vida como uma irmã gêmea.

Evidentemente, ela é ainda mais velha do que isso. Ela é a senhora da morte e, como tal, entrou no mundo com a primeira morte, o primeiro assassinato, aquele cometido por Caim, no qual "*da terra, o sangue de Abel estava gritando*", de Mictlan, o mundo inferior, que se tornou seu reino. Portanto, a personificação da Senhora Morte em sua forma mesoamericana é tão antiga quanto a primeira morte, na qual ela tomou a regência dos ossos. que se tornaram seu maior símbolo e posse.

Ela pode ser representada em seus santuários por ossos humanos banhados em ouro, simbolizando como, no fim, até o sol sucumbirá ao enlace da morte. Ela vem para todos, e seu reino é eterno. Ela caminha com cães, onças, aranhas, lagartos, serpentes e corujas e a terra da tumba repleta de calêndula, rosas, arroz e aloe vera a invocará. Gengibre, rosa e ládano, untados em uma ágata ou ametista, chamará sua atenção. Esse é o foco do livro que você agora tem em mãos: ensinar de forma breve e profunda como trabalhar com esse poder de uma maneira direcionada e adequada.

Podemos insistir que, como a encarnação da própria morte, entretanto, nosso anseio de nos aproximarmos dela é algo que nasce puramente do nosso próprio desejo e desígnio. Mas precisamos entender que, quando o poder e a potência procuram estabelecer seu culto, como no caso de *La Parca*, devemos nos empenhar em entender seu protocolo. Se nós seguirmos a *práxis*, daremos a nós mesmos e à potência apaziguada o respeito necessário pelo que estamos fazendo. Isso é ainda mais importante no caso de uma divindade que rege o fim da vida, pois, naturalmente, ao trabalharmos com ela, estamos também trabalhando com nossa própria morte, o que fica particularmente evidente em suas três cores simbólicas: o branco, o vermelho e o preto. Essas cores guardam diversos níveis de significado e nós podemos, de fato, recorrer à forma branca da Senhora Morte para questões de consolo, como à forma vermelha para proteção e à forma preta para vingança.

Santa Muerte é famosa por ofertar milagres e proteção contra a morte e a lei, como vemos nos cultos de outros santos populares que orbitam ao redor da Senhora Morte, como *San La Muerte*, San Simon e Jesus Malverde, que a consideram como uma santa para os rejeitados, marginais e para tudo que é antinomiano. Assim como a morte vem para todos nós, da mesma maneira, a morte aceita a condição humana, tão quebrada e fragmentada como se pode ser. Mas há um truque nisso tudo - ou um mistério, se você preferir -, que concerne a como ela não julga, mas se empenha em nos fazer compreender que o enlace da Morte Branca é muito melhor do que o enlace violento e cruel da Senhora Morte vestida de preto. Como lidamos com a vida é tipificado pelas mesmas cores - branco, vermelho e preto - e quem quer que viva uma vida sob a proteção da *Santa Muerte* preta, também morrerá por sua agonia e crueldade, assim como aqueles que a busquem como um poder de conforto falecerão em uma cama de seda branca e calêndula.

É com esse poder intrigante, mesmerizante e incrível que você entenderá como se trabalha neste livro. E não se esqueça de que quanto mais você se empenhar em se tornar fiel em sua aproximação, mais brancas serão as asas dela enquanto a vida o encaminha rumo ao enlace da Senhora Morte em uma de suas cores.

Xiauh ica cualtzin!

Alguns alertas antes de começarmos...

Este livro irá chacoalhar o seu sistema de crenças

Dificilmente você lerá as páginas que se seguem sem sentir algum desconforto ou mesmo choque com o seu sistema de crenças pessoal. Por isso, alguns alertas são fundamentais para que você considera cultuá-la:

- ❖ Se você adota uma cosmovisão pagã e uma espiritualidade neopagã, talvez não veja com bons olhos os elementos tipicamente católicos do culto da Santa Muerte.
- ❖ Se você é cristão, é possível que fique chocado com a amoralidade da Santíssima, sobretudo ao descobrir

que muitos dos seus devotos pedem-lhe malefícios para os seus inimigos.

❖ Talvez você não goste de tabaco e não se sinta confortável com uma das oferendas mais essenciais no culto da Menina Branca: charutos e cigarros.

❖ Pode ser que a farta oferta de bebidas alcoólicas à Senhora Branca não seja do seu agrado ou lhe traga lembranças desagradáveis.

❖ Quem sabe você possa experimentar uma sensação desconfortável ao descobrir que parte dos seus devotos, embora diminuta, pertence ao crime organizado.

❖ Pode ser que você se considere um "conservador" e não lhe caia bem saber que a Madrinha sempre acolheu de braços abertos homossexuais, transexuais, travestis e pessoas vinculadas à prostituição.

Eu costumo dizer e repetir sempre que as coisas são como são e não como gostaríamos que elas fossem. Se uma determinada tradição espiritual não nos agrada, se com ela não sentimos afinidade, a única opção válida que temos é a de não aderir a ela.

Assim, em respeito à Santa Muerte e ao povo mexicano que fez seu culto florescer, não altere os seus elementos estruturais. Não adapte o culto à Santíssima trazendo-lhe elementos de outras culturas ou tradições. Com isso, é importante lembrar:

❖ A Santíssima não é uma deusa, portanto, não a culte à maneira wiccana;

❖ A Santíssima não é um espírito, então, ainda que muitas vezes possa se assemelhar a entidades espirituais afro-brasileiras, a Santa Muerte não tem espaço na Umbanda ou Quimbanda;
❖ A Santíssima não é um anjo;
❖ A Santíssima também não é um demônio, tampouco está ligada ao satanismo ou à goécia.

A Santíssima é a morte personificada. Aceite isso e honre-a como ela é. À Comadre, pouco importa se você é cristão, budista, wiccano ou adepto de tradições afrodiaspóricas. Ela espera, contudo, que se você se decidir por cultuá-la, faça-o como ela mesma pediu e vem pedindo aos seus fiéis mexicanos. Respeitemos a história, a cultura e as tradições do povo no qual o culto à Santa Muerte nasceu.

Aqui, eu posso lhe assegurar que você encontrará o culto a *La Flaca* exatamente como ele se dá nas terras mexicanas, sem enxertos estranhos, inovações ou adaptações. Puro *folk catholicism*, expressão que se pode traduzir ao pé da letra como *catolicismo popular*, mas que melhor seria descrita como *catolicismo mágico*. E muito mágico. Obscuramente mágico...

E viva La Santíssima!

Sébastien de La Croix

Coautor do livro "Vodu, Voodoo e Hoodoo", pesquisador de religiões afro-americanas, Houngan de Vodou haitiano, sacerdote de Umbanda, Tata de Quimbanda de Raiz e Chefe de Quimbanda Tradicional. Devoto de La Santisima.

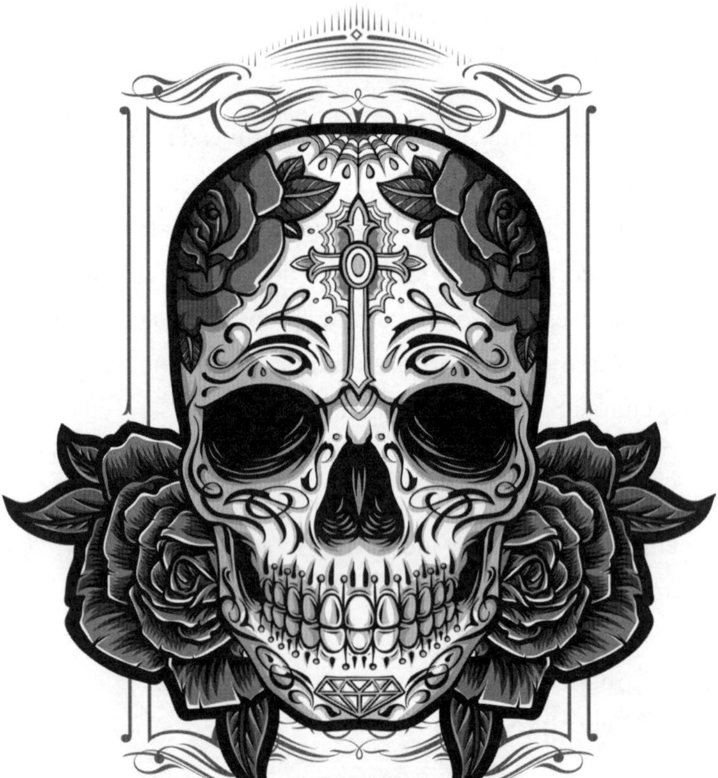

Como tudo começou...

Nos idos de 2005, eu tomei contato pela primeira vez com o culto da Santa Muerte por meio de um professor de tradições espirituais variadas. Nunca ouvira falar dela e creio que, no Brasil, pouquíssimos tinham sequer ideia de que essa "santa" tão peculiar e macabra pudesse existir.

Diferentemente de tradições bem conhecidas no Brasil, como a Umbanda e a Quimbanda, nas quais há Exus e Pombagiras com iconografias esqueléticas ou nomes que aludem à morte como Exu Caveira, Exu Tata Caveira, Exu João Caveira, Exu Omulu e Pombagira Rosa Caveira, a Santa Muerte não era (e não é) uma entidade vinculada aos mortos e ao cemitério, mas é a própria morte em si. De fenômeno natural, inerente a todo ser vivo, a morte passou a ser antropomorfizada numa figura feminina ora portando mantos nas cores branca, vermelha e preta, ora usando as mais variadas e refinadas vestes femininas, com direto até mesmo a vestidos de noiva, para não falar de chapéus, perucas, colares e anéis.

Nessa época, pouco se encontrava a seu respeito, mesmo na internet. Livros, então, nem se fala: após meses de busca, consegui importar, do México, um livrinho popular com algumas preces e feitiços. E só. Restava-me, pois, trabalhar com o exíguo material que recebera, proveniente de uma organização espiritual chamada Igreja Gnóstica da Santíssima Morte, e seguir as orientações do meu professor, que era bastante versado também nos aspectos mais populares do culto e também de outras artes ocultistas.

Imagens da Santa Muerte, no Brasil, não existiam. Lembro-me de que, para erigir meu altar, adquiri um crânio realista de resina e pintei de preto as vestes da imagem de Exu Lorde da Morte. Os anos se passaram e continuei a cultuá-la privadamente, sem fazer nenhum tipo de propaganda e somente mencionando o tema a amigos muito íntimos.

Mas eis que, no final de 2022, Diego de Oxóssi, dono da Arole Cultural, propôs-me escrever um livro sobre o tema. De início, não me animei muito, mas a razão do convite era bastante ponderada: o assunto estava na moda, mas o que se encontrava em território nacional eram práticas desconectadas do culto original, retratadas em algumas poucas publicações independentes, e, sobretudo, distanciadas da alma e do espírito mexicanos que trouxeram a Santíssima à luz. E esse estado de coisas vinha ao encontro da vocação da Arole de divulgar tradições afrodiaspóricas com seriedade e alicerce tradicional, sem dar vazão a invencionices e achismos.

E antes que me perguntem o que o culto à Santa Muerte tem a ver com tradições afro-americanas, antecipo-me para dizer que grande parte dos devotos da Santíssima pertence a tais tradições, sobretudo à Santeria, Umbanda e Quimbanda.

O livro que você tem em mãos, portanto, vai além do meu jeito de cultuar a Santíssima, pois, em respeito à tradição mexicana, nele eu incluí tudo que há para se dizer a seu respeito, mesmo que algumas das práticas não sejam exatamente aquelas às quais eu pessoalmente me dedico.

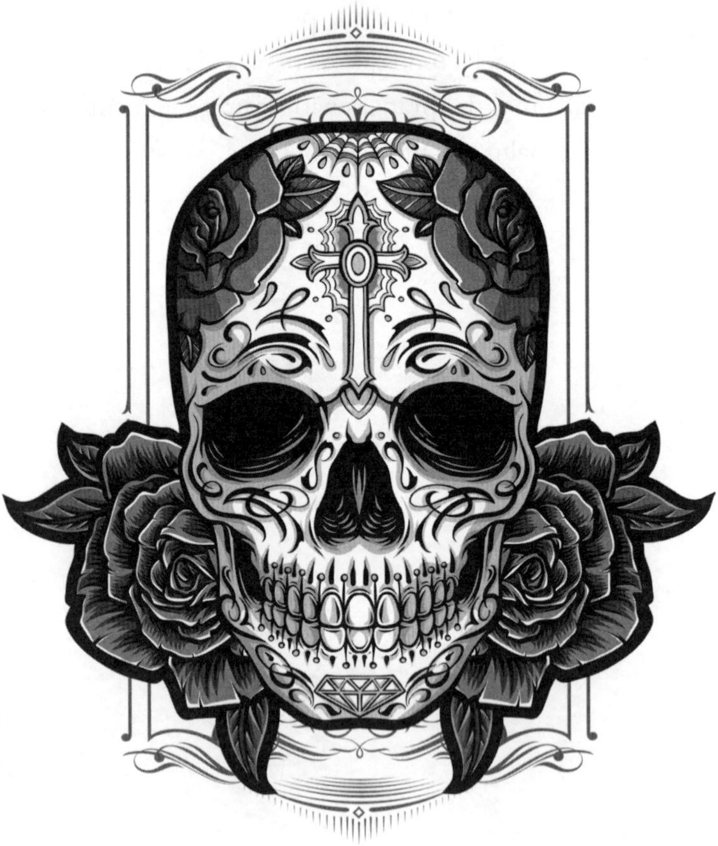

Visão Geral

Obviamente, o culto da Santa Muerte é heterodoxo, não conta com teologia, dogmas e liturgia estabelecidos e emanados de alguma autoridade sacerdotal ou eclesiástica. Contudo, há fundamentos-chave essenciais a ele, baseados na tradição oral e nos costumes dos devotos. O principal desses fundamentos é o aspecto vital que a prece ocupa no culto da Santa Muerte. Ela é mais importante do que o tamanho e a riqueza do altar, do que a imagem da santa e até mesmo do que os feitiços tradicionalmente relacionados a ela. A prece é a única chave que abre a porta de comunicação com a Santa Muerte. Sem preces regulares, profunda devoção e fé absoluta, a Santíssima não dará ouvidos ao que quer que se lhe peça, pois essas três atitudes são indispensáveis em seu culto.

Naturalmente, você precisará de ao menos uma imagem da Santa Muerte. Contudo, não se preocupe se não encontrar uma que seja idêntica àquelas facilmente encontráveis no México. Você pode pintar noutras cores uma imagem afro-brasileira, como foi o meu caso ao pintar de preto o manto da imagem de Exu Lorde da Morte, ou pode comprar um ou mais crânios de gesso e aplicar nele ou neles as cores da sua escolha. Outra opção muito usada é imprimir em boa qualidade uma das muitíssimas imagens da Santíssima que você muito facilmente encontrará na internet e colocá-la num porta-retrato.

A Santa Muerte é sempre acompanhada por uma coruja, sua mensageira e companheira. Apesar de seu aspecto soturno, curiosamente ela não é apenas a Rainha da Morte, mas também uma jovem alegre que se encanta com tudo que o mundo tem a oferecer de bom. Ela gosta de boa comida, de boa bebida, de um bom tabaco (o uso espiritual do tabaco sempre foi uma característica marcante de praticamente todos os povos originários americanos) e até mesmo de festas feitas em sua homenagem. Aliás, é justamente por isso que o seu altar nunca pode estar vazio, sem nenhuma oferenda. Paradoxalmente, a Comadre, que é a personificação do fim de todas as coisas, traz abundância às vidas de seus devotos, de modo que seu altar jamais pode carecer de ao menos algum regalo a ela.

Uma vez que se estabeleça um vínculo entre ela e seu devoto baseado no comprometimento, na lealdade e na fé – e isso pode levar algum tempo – ela oferecerá em troca muitos e incríveis milagres, dará mais poder a qualquer trabalho mágico (chamados no México de *brujeria*), distribuirá saúde, riquezas, boa sorte, proteção e amor. Mas é muito importante que se saiba que, por vezes, ela testa a devoção do seu devoto iniciante trazendo obstáculos para a sua vida, mas que desaparecem como que por mágica ante a devoção total e a fé inabalável.

Porque todos somos iguais diante da morte, porque todos inevitavelmente morreremos e porque todos temos a própria Santa Muerte dentro de nós (o nosso esqueleto), ela não julga a ninguém e conta com devotos em todas as classes sociais e profissões. Médicos, comerciantes, professores, advogados, donas de casa, motoristas, policiais são frequentemente encontrados entre os seus devotos, assim como criminosos, traficantes, usuários de drogas, prostitutas e cafetões. Afinal, a Comadre só tem olhos para aquilo que nos iguala a todos num sentido absoluto e visceral: a nossa própria finitude como seres (ainda) vivos.

Pode parecer um pouco óbvio o que agora tenho a dizer, mas é importante frisar: ninguém que tenha problemas com a ideia da morte, que tenha medo dela, que não a aceite como fim inexorável de todos nós poderá cultuar a Santíssima. Não se pode, com uma mão, dar-lhe presentes, pedindo-lhe dádivas e, com a outra, negá-la ou temê-la. Se você pretende começar a cultuar a Santa Muerte, faça as pazes com a sua mortalidade e com a mortalidade de todos que se encontram à sua volta. Acostume-se a meditar na morte diariamente. Lembre-se de que este pode ser o seu último dia no mundo dos vivos. Procure deixar de temer a impermanência das coisas, dos seres e mesmo das relações humanas. Tudo muda, tudo se transforma, tudo morre.

Mors omnia solvit – a morte tudo apaga, tudo dissipa, a começar por nós mesmos. O culto da Santa Muerte – não da deusa da morte, insisto, mas da morte ela mesma – é o culto da impermanência de tudo e de todos, da mutabilidade constante de absolutamente todos os elementos da vida. É o culto do fim...

A História Da Santíssima Morte

O ano é 2024 e a Santa Muerte está na moda. Antropólogos e sociólogos do mundo todo têm voltado os olhos para ela, pois é mexicana, latino-americana, pitoresca e seu culto se originou junto às camadas mais desfavorecidas da população.

Ela tem muitos nomes: Menina Branca, Irmã Branca, Comadre, Madrinha, Mãezinha, Magrela, Magrinha, Senhora das Sombras, Dama Poderosa, Ossuda, Ceifadora, Careca e Milagrosa (ou, em seu idioma nativo, *La Niña Blanca, La Hermana Blanca, La Comadre, La Madrina, La Madrecita, La Flaca, La Flaquita, La Señora de las Ombras, La Dama Poderosa, La Huesuda, La Parca, La Pelona, La Milagrosa*).

O culto é extremamente flexível e adaptável, mas a sua forma mais tradicional assume roupagens católicas, inclusive adaptando orações e rituais da Igreja. É preciso atentar para o fato, contudo, de que, na cultura mexicana, a morte não tem o aspecto sinistro que se difundiu por séculos na cultura europeia. Ao contrário, na espiritualidade mexicana, ela é vista como a chave para a vida e a própria criação, pois vida e morte fazem parte de um ciclo perpétuo, eterno, sem começo nem fim. A morte alimenta a vida assim como a vida alimenta a morte. É justamente a partir dessa visão que se entende que a morte, personificada na Santa Muerte, pode ser uma força criativa que traz poder, sucesso, saúde, sorte, amor e prosperidade.

Houve e ainda há muita polêmica junto à Igreja Católica e ao governo mexicano, que não se cansam de associar o culto aos criminosos e a sugerir que ele estaria fomentando o crime. Mas a esse respeito, cabe uma reflexão: não terão os criminosos adotado o culto pelo fato de a Santa Muerte não os julgar em momento algum? A resposta parece ser óbvia, mas fato é que há uma relação direta e inegável entre os lugares onde o culto da Santa Muerte é popular e as regiões mais pobres e violentas do México.

Embora já existisse em caráter mais privado, o início do culto verdadeiramente público à Santa Muerte deu-se no fim do século XX e no começo do século XXI, no bairro de Tepito, um dos mais perigosos da Cidade do México, quando Enriqueta Romero, mais conhecida como *Doña Queta*, desmontou o pequeno altar que mantinha na cozinha da sua casa e o levou para o lado de fora, onde pode ser visto da rua. E foi assim que *Doña Queta* deixou de vender *quesadillas* e passou a ser a principal divulgadora do culto, transformando sua casa numa loja de artigos religiosos ligados à Santa Muerte e num verdadeiro local de peregrinação.

Doña Queta narra duas versões sobre como passou a cultuar a Santa Muerte, o que não implica que sejam elas necessariamente excludentes. Na primeira delas, diz que ganhou a estátua da Santa Muerte de seu filho, que se encontrava encarcerado; na segunda, diz que a herdou de uma tia que praticava o culto desde os anos sessenta. À luz dessas duas versões, fica a impressão de que o culto à Santíssima não era nada estranho à família de *Doña Queta*, que parece que já o vinha praticando há pelo menos duas gerações. Desde então, saindo dos interiores das casas humildes da população desvalida e das celas carcerárias, o culto público cresceu imensamente, havendo quem sustente que, hoje, 10% da população mexicana seja *"santamuertista"*.

É comum se encontrar referências relacionando o culto da Santa Muerte com antigas divindades astecas da morte, mas induvidosamente, a moderna Santa Muerte está longe de ser, por si mesma, um símbolo de fertilidade e abundância. Igualmente, equivoca-se quem a associa com *La Catrina*, criada no início do século XX por José Guadalupe Posada como uma paródia às esnobes damas da classe média, pois à Santa Muerte não interessam a crítica social ou ironizar a hipocrisia da classe média. Ela abraça, indistintamente, quem quer que um dia vá passar pela experiência da morte, ou seja, todos.

Embora haja referências antigas ao culto, no seu aspecto moderno é difícil de se encontrar registros que antecedam a década de 60. De fato, a primeira referência escrita que se tem notícia sobre o culto da Santa Muerte encontra-se na obra *"Los hijos de Sánchez"* de Oscar Lewis, publicada em 1961. Esse livro é um registro da vida de uma família mexicana com quem Lewis morou por um tempo, a fim de desenvolver a sua ideia sobre a "cultura da pobreza" e, nele, um dos personagens relata que sua irmã lhe ensinara uma novena à Santa Muerte para trazer de volta maridos fujões, numa evidência de que o culto já existia ao menos na década de 50.[1]

Até a metade da década de 90, todavia, o culto manteve-se privado, quando não secreto, só vindo a ganhar publicidade durante a crise econômica mexicana, chamada de "crack da tequila". Assim, do interior das casas, passando pela comunidade carcerária na década de 70, Santa Muerte veio às ruas no fim do século XX e no começo do século XXI e vem ganhando o mundo todo desde então. O evento que trouxe Santa Muerte aos olhos do grande público foi a prisão de Daniel Arizmendi López, um sequestrador que tinha por hábito mandar as orelhas de suas vítimas aos seus familiares e em cuja casa foi encontrado

---

[1] "Cuando mi hermana Antonia me contó en un principio lo de Crispín, me dijo que cuando los maridos andan de enamorados se le reza a la Santa Muerte. Es una novena que se reza a las 12 de la noche, con una vela de sebo, y el retrato de él. Y me dijo que antes de la novena noche viene la persona que uno ha llamado. Yo compré la novena a un hombre que va a vender esas cosas a la vecindad y me la aprendí de memoria. Va así: Jesucristo Vencedor, que en la Cruz fuiste vencido, quiero que por tu intervención, Padre, me traigas a Crispín, que esté vencido conmigo, en nombre del Se- ñor. Si es animal feroz, manso como un cordero, manso como la flor de romero tiene que venir. Pan comió, de él me dio; agua bebió y de ella me dio. Y por todas las cosas que me prometió quiero, Señor, que por tu infinito poder, me lo traigas rendido y amolado a mis pies a cumplirme lo que me prometió. Como creo Se- ñor que para ti no hay imposibles, te suplico encarecidamente me concedas esto que te pido, prometiendo hasta el fin de mi vida ser tu más fiel devota." (Lewis, Oscar. *Los hijos de Sánchez. Autobiografía de una familia mexicana*, 1ª edição, Cidade do México: Fondo de Cultura Económica, 2012, p. 319)

um altar para Santa Muerte, o qual, aliás, autorizaram-no a levar para a cadeia.

A propósito, o catolicismo popular no México é fortíssimo e larga é a sua tradição de criar santos populares não reconhecidos pela Igreja Católica. Embora, atualmente, a Santa Muerte seja a santa mexicana popular por excelência, dois outros santos populares assumem relevo no país: o *Niño Fidencio* (José Fidencio de Jesús Síntora), curandeiro que atuou no norte do México entre as décadas de 20 e 30, e *Jesús Malverde*, um santo cuja base histórica ainda não se definiu, mas que se supõe ter sido um certo Jesús Juárez Mazo (1870-1909), em torno do qual se formou um culto muito popular entre os criminosos, que o chamam de "bom bandido", "anjo dos pobres" e "narcossanto".

Aliás, no México, Jesús Malverde, São Judas e Santa Muerte formam *La Santisima Trinca* entre os devotos desses santos populares. Não é nada incomum, assim, encontrar-se altares público e privados ostentando as imagens desses três santos populares ou ao menos duas delas. De todo modo, ainda que o culto mexicano à Santa Muerte seja bastante contemporâneo, encontramos indícios de um relacionamento bastante antigo entre o povo mexicano e a morte. Por exemplo, há um registro bastante conhecido do século XVIII de indígenas mexicanos pendurando um esqueleto e ameaçando-o com um chicote caso não atendesse aos seus pedidos.

Um ponto importante a assinalar é que os registros da Inquisição datados do século XVIII não fazem menção a Mictecacihuatl, divindade asteca da morte, mas à Santa Muerte propriamente dita. Igualmente, há referências de imagens da Santa Muerte esculpidas a mão, como aquela pertencente à família Cruz, de Tepatepec, a qual se diz ter mais de 200 anos, bem como a imagem do século XVII de Oaxaca, que hoje integra a coleção do Museu de Yanhuitlán.

Há várias referências associando a Santa Muerte com o culto de Mictecacihuatl, e de seu marido, Mictlantecuhtli. Pesquisadores mais recentes, contudo, como Andrew Chesnut, contestam essa versão, apontando as origens do culto na figura de *La Parca*, a Ceifadora, trazida ao México pelos conquistadores espanhóis e que ficou conhecida na Europa no século XIV, durante a Peste Negra. A Ceifadora era um esqueleto feminino com um manto negro que coletava as almas dos mortos e as levava ao seu local de destino, o céu ou o inferno. Os colonizadores espanhóis, juntamente com padres, trouxeram uma variada iconografia católica ao México originário, dentre ela a figura da Ceifadora, que acabou se fundindo com deidades mortuárias pré-cristãs e, sobretudo, encontrando eco na visão desde sempre peculiar que o povo mexicano tem da morte, numa convivência mais próxima, alegre e muitas vezes cômica, bem diferente do temor e do pavor que a mentalidade ocidental tem dela, seja do fenômeno da cessação da vida em si, seja dos seus símbolos.

Esse aspecto da forte influência espanhola no México é reforçado pela existência de outras figuras esqueléticas representando a morte em regiões dominadas pela Espanha, como a Guatemala, onde se tem o *Rey Pascual*, e a Argentina, onde se encontra *San La Muerte*. Contudo, a Santa Muerte mexicana é a única deidade mortuária feminina e, nisso, parece ter sido fundamental a devoção superlativa do povo mexicano à face feminina de Deus na figura da Virgem de Guadalupe, tanto mais quando se constata que muitos devotos da Santa Muerte a consideram a irmã gêmea especular de Nossa Senhora de Guadalupe, ou mesmo as duas mãos de Deus sobre a terra, sendo a Virgem de Guadalupe a mão luminosa ou direita, e a *Santíssima Muerte* a mão escura ou esquerda.

Ao pesquisador atento das tradições afrodiaspóricas nas Américas, não passam desapercebidas as similaridades entre o culto da Santa Muerte e tradições como Vodou, Santeria, Palo Mayombe, Obeah, Espiritismo Cruzado, Umbanda e Quimbanda. E fato é que os sincretismos, amálgamas e linhas delimitadoras imprecisas inerentes a essas religiosidades encontram-se de maneira muito presente no culto da Santíssima.

Como já vimos, há aqueles que sustentam uma origem asteca, pré-cristã, para o culto, segundo os quais teria havido um sincretismo entre o catolicismo espanhol e as divindades Mictlantecuhtli e Mictlancihuatl, o Senhor e a Senhora dos Mortos, governantes de Mictlan, o submundo, comumente retratados como esqueletos. Outros, defendem uma derivação da figura da Ceifadora (*La Parca*), figuração da morte surgida durante o período da Peste Negra na Europa, que teria chegado juntamente com os invasores espanhóis e sido associada pelos povos originários como uma figura equivalente a Jesus, Maria e os santos.

Existem, ainda, alguns que veem traços de tradições iorubanas e bantus no culto da Santa Muerte, chegadas às Américas juntamente com os negros escravizados da África.

Sobretudo, essa teoria encontra alicerce nas muitas semelhanças entre o culto da Santa Muerte e o Vodou haitiano, o Palo Mayombe e a Santeria. Assim é que a Santa Muerte poderia ser uma derivação de Oyá ou Iansã, a orixá das tempestades e dos mortos, ou de Ewá, a orixá senhora do submundo. Também poderia derivar de Centella Endoki ou Mama Wanga, a governante do cemitério no Palo Mayombe. Ainda, poderia ser uma revisão mexicana de Maman Brigitte, a *lwa* do vodou haitiana senhora dos cemitérios e dos mortos.

Particularmente, vejo esse culto como uma construção contemporânea calcada em dois pilares: o catolicismo popular, sobretudo a fé ardorosa do povo mexicano a uma face feminina dos mistérios divinos, o culto a Maria, e resquícios da cultura dos povos originários do México. Mas quanto a esses resquícios, enxergo muito menos uma herança das práticas religiosas em si mesmas tais como realizadas por esses antigos habitantes da região e muito mais uma maneira familiar, íntima e positiva de se lidar com a morte.

Em poucas palavras, o culto à Santíssima é católico, popularmente católico, subversivamente católico, hereticamente católico, mas ainda assim católico. Tanto é assim que, normalmente, os devotos de Santa Muerte consideram-se católicos e não se importam com a firme oposição da Igreja ao culto. Contudo, muito embora possam se sentir confortáveis com os aspectos cristãos do culto, o que atrai a maioria à Comadre é a sua ambiguidade moral. Ela nada pede, não exige que a pessoa mude de vida e aceita qualquer tipo de pedido. Consideram-na indiferente ao caráter bom ou mau do seu devoto, já que todos irão morrer em seus braços e já que todos a trazem entranhada em si mesmos, nos seus esqueletos. É curioso notar, aliás, que, embora as denominações cristãs tradicionais tanto falem do amor de Deus que se estende a todos os seres humanos, mas desde que não sejam "pecadores" de acordo com as suas lentes denominacionais, é na Santíssima que a diversidade cultural, social, sexual e econômica recebe um verdadeiro abraço acolhedor que os une a todos na sua humanidade mais essencial.

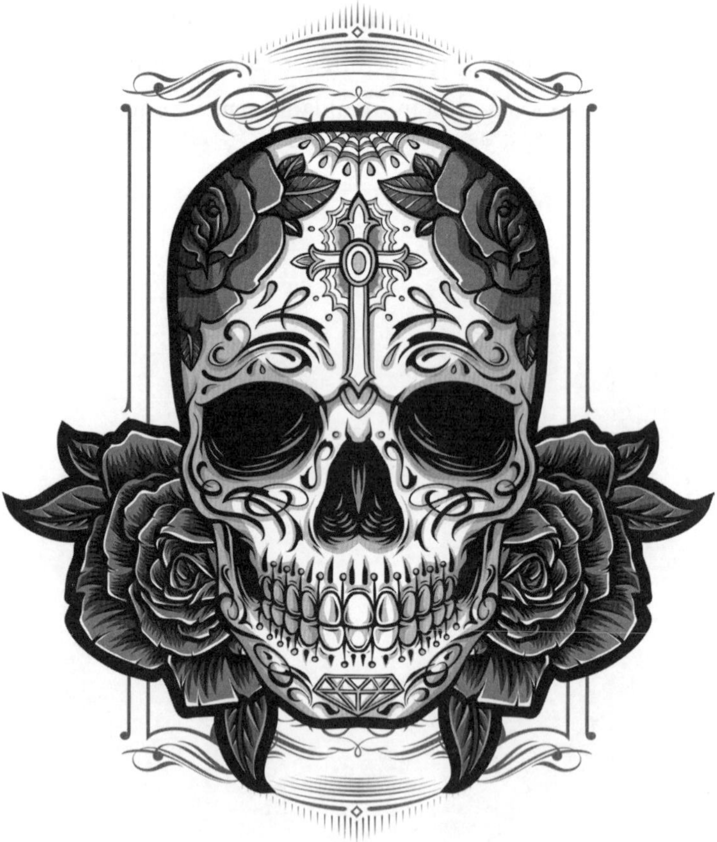

Trabalhando Com Santa Muerte: O Sistema Tradicional Dos Três Mantos

Quem quer que caminhe pelas *botanicas*[2] do México e mesmo dos Estados Unidos, ou que faça uma rápida busca pela internet, notará que existem imagens da Santa Muerte com mantos das mais variadas cores: branco, preto, vermelho, verde, azul, dourado, amarelo, multicolorido entre outros. O culto original, contudo, começou tão somente com três cores – branco, vermelho e preto -, sendo assim que grande parte dos *curanderos* e *brujos* mais tradicionais continuam a trabalhar. Eu não fui uma exceção a isso: tendo sido iniciado nos mistérios da Santa Muerte há cerca de 15 anos, aprendi a trabalhar com as três cores básicas, curiosamente as mesmas cores da obra alquímica,

---

[2] O equivalente às lojas de "artigos religiosos" tão comuns no Brasil.

de algumas sociedades secretas europeias e até mesmo de algumas tradições afrodiaspóricas.

No culto da Santa Muerte, as três cores formam uma espécie de Santíssima Trindade da Morte, uma mesma entidade que se manifesta sob três aspectos diferentes, estando cada um deles ligado a uma passagem bíblica ou a um aspecto tradicional do catolicismo. A Santíssima é uma só, mas, ao mesmo tempo, é um ser poderosíssimo formado por três figuras, que se manifestam de modo diferente de acordo com a cor que as veste.

LA BLANCA

A Santa Muerte vestida com um manto branco é considerada a mais velha das três e costuma-se recomendar que o novo devoto sempre comece sua prática por ela. *La Blanca* cuida da ordem natural das coisas, do ciclo de nascimento e morte, de sorte que tudo que interfira nesse ciclo é de competência dela, sobretudo a cura (mas também a morte). Ela também é invocada para limpezas espirituais e para quebrar maldições e malefícios, assim como para dar conselhos sábios, pois ela é a anciã.

Considera-se que ela se senta à direita de Deus e é frequentemente associada ao Arcanjo da Morte, Azrael, sendo representada, por vezes, com asas. O culto de *La Blanca* é o que mais se aproxima do culto católico de veneração aos santos e ela é considerada a mais branda e misericordiosa das três. Seu principal símbolo é a foice, com a qual corta o mal, a pobreza e a doença da vida dos seus devotos. Sobretudo no México, é comum que *curanderos* e *brujos* tenham as três imagens – preta, vermelha e branca em seus altares – e, nesse caso, ao se trabalhar

La Negra para malefícios ou *La Roja* para amarração e dominação amorosa, costuma-se cobrir a imagem de La Blanca para que ela não se "ofenda".

No mito cristão, a morte não fazia parte da criação de Deus, passando a existir somente depois que Adão e Eva comeram do fruto da Árvore do Bem e do Mal e foram banidos do Jardim do Éden. Aliás, é por isso que uma das oferendas mais onipresentes nos altares da Santíssima é a maçã.

LA ROJA

A Santíssima portando um manto vermelho costuma ser associada tão somente a pedidos relativos a amor e sexo. Esse, contudo, é um equívoco, pois o seu manto é vermelho não porque o vermelho seja a cor do amor e da sexualidade, mas porque é a cor do sangue. Assim, ela vela por tudo que é vivo e diz respeito à vida, como dinheiro, negócios, emprego, justiça, poder, a casa onde se habita e, também, amor e sexo. Ela não somente une os amantes, mas une colegas de trabalho numa relação harmoniosa, une os clientes aos negócios, une o dinheiro ao seu bolso, e garante a união amorosa e feliz dos membros de uma família.

Seu principal símbolo é a balança, e isso quer dizer que ela espera que você assuma a responsabilidade por seus atos e saiba que ela pesará nos pratos da balança o seu pedido *versus* as suas posturas anteriores. Na mitologia bíblica, *La Roja* está associada ao sangue de Eva, que nutriu a terra após a sua primeira relação sexual com Adão, e por que não dizer, ao sangue menstrual.

LA NEGRA

Aquela que se cobre com um manto preto é a mais temida e incompreendida das três faces da Santíssima, seja porque ela é a mais comumente encontrada nos altares dos narcotraficantes e criminosos em geral, seja porque matérias e filmes sensacionalistas a respeito do culto costumem explorá-la mais do que as duas outras. Ela é a mais "quente" das três e induvidosamente, a mais perigosa.

Diz-se que *La Negra*, e apenas ela, aventura-se no inferno, rodeada por demônios, arrastando almas torturadas e sanguinárias, suas escravas. Embora a sua imagem a mostre comumente de pé, quando ela aparece sentada num trono, é considerada a rainha das *brujas* e seu principal símbolo é a coruja, aqui não somente um animal símbolo da sabedoria, mas das almas das *brujas* que a serviram em vida (conhecidas como *las lechuzas* ou corujas). Ela é a face da Santa Muerte menos interessada em questões morais ou éticas, sendo por isso mesmo a preferida para trabalhos de dano, maldições, pragas, bem como para auxílio em propósitos ilícitos de toda ordem.

Contudo, a mesma escuridão que encobre o mal, também encobre o bem, sendo esse o motivo pelo qual, das três faces da Santíssima, *La Negra* seja a mais requisitada para proteção contra acidentes, assaltos, sequestros e magia maléfica. O seu papel na mitologia cristã relaciona-se ao assassinato de Abel por Caim, pois o sangue vertido na terra nessa ocasião tornou-se negro e deu à luz a face mais obscura da Santíssima.

Montando seu Altar

Antes de começar a cultuar a Santíssima Morte, é preciso pensar bem: não se pode ignorar a Santíssima, nem muito menos quebrar um pacto feito com ela. É importante frisar que a Santa Muerte não é um santo popular qualquer que possa ser cultuado ocasionalmente, apenas nas horas de necessidade. Muito ao contrário disso, para que se tenha resultados, é importante manter uma rotina de preces e oferendas diárias (nem que sejam apenas um copo d´água ou uma vela). É essencial tratá-la como um membro da família, como a melhor amiga, conversando com ela, bebendo com ela, fumando com ela (caso o devoto seja fumante, naturalmente). Dar-lhe bom dia, boa noite, trocar algumas palavrinhas diárias com ela - hábitos simples e "humanos" são os que fortalecem o vínculo com a Santíssima. Ela nunca dá sem que lhe deem: prece e fé são os pilares sobre os quais se sustenta todo o culto.

É indispensável, crucial mesmo que se adquira uma imagem para se trabalhar com ela. Essa imagem pode ser uma figura impressa em papel, uma estátua ou até mesmo uma escultura feita pelo próprio devoto. A imagem nunca deve ser colocada no chão e, se possível, deverá ficar num local um pouco mais alto do que a cabeça do devoto quando em pé. Lembre-se de que, depois de Deus, a Santíssima é a força mais poderosa do universo e, portanto, exige máximo respeito no seu culto.

Você poderá optar por ter apenas uma imagem, para a qual preparará três mantos de tecido ou papel crepom nas cores branca, vermelha e preta. Nesse caso, opte por uma imagem neutra na cor branca ou marfim. Caso prefira – e esse é o costume de muitos devotos mexicanos – poderá adquirir três imagens da Santíssima cujos mantos serão pintados das três cores tradicionais – preto, vermelho e branco. Nesse último caso, *La Blanca* ficará sempre no meio; *La Roja* à sua direita (ou seja, à esquerda de *La Blanca*) e a *La Negra* à sua esquerda (isto é, à direita de *La Blanca*).

A imagem deve ser preparada e, para tanto, é importante que seja "alimentada". Não basta, contudo, obter a imagem e "alimentá-la"; é preciso "acordá-la", "ativá-la" como veremos a seguir. Além disso, ao se montar um altar para a Santa Muerte, é importante que se faça uma novena para ela, conforme os modelos constantes da segunda parte deste livro.

ALIMENTANDO A IMAGEM

O primeiro passo de preparação de uma imagem de Santa Muerte é alimentá-la. Para isso, você deverá providenciar arroz cru, sementes de mostarda, um pedaço de fita vermelha (simbolizando o caminho entre a vida e a morte), um imã ou areia magnética e moedas. Além desses ingredientes comuns às suas três faces, cada uma delas receberá ingredientes específicos, que poderão ser preparados juntos ou em separado, conforme veremos. Para *La Blanca*, adicione cânfora; para *La Roja*, canela em pó; para *La Negra*, pimentas secas e pó de patchouli.

De posse desses ingredientes é preciso, então, definir se você montará o altar com uma única imagem a ser vestida com o manto correspondente conforme seus objetivos ou, ainda, três imagens distintas, uma com o manto branco, outra com o vermelho, outra com o preto. Caso pretenda trabalhar com uma única imagem, à mistura dos ingredientes básicos adicione todos os ingredientes das três faces de Santa Muerte, juntos. Caso opte por ter três imagens distintas, prepare três pós com a mistura básica mais o ingrediente próprio de cada face da Santíssima para ser usado na imagem correspondente.

O ritual de alimentar as imagens acontece assim: misture todos os ingredientes (exceto a fita vermelha, o imã ou areia e as moedas) e, da mistura, prepare um pó fino com o uso de um pilão de cozinha. Passe uma camada de cola na base de cada estátua, e pulverize sobre a cola o pó correspondente à cada face da Santíssima que esteja preparando. Não é preciso colar muito dessa mistura na base da imagem; uma pequena quantidade bastará. Então, cole as moedas e, caso tenha optado por um imã ao invés de areia magnética, cole-o bem no meio, circundado pelas moedas. A fita vermelha pode ser colocada ao redor do pescoço da imagem, como uma echarpe sob o manto principal.

Outra maneira, mais elaborada, de "alimentar" a estátua é providenciar uma base de madeira com um buraco no centro, onde você colocará esses itens e, depois, fechará com a própria imagem, que será colada sobre a madeira. Uma vez alimentada, passa-se, então, ao ritual de acordá-la, ou ativá-la.

DESPERTANDO O PODER DE SANTA MUERTE

Para "acordar" e purificar a imagem da Santíssima, a receita mais comumente adotada é um banho de alecrim, arruda e manjericão frescos e quinados na água. Há banhos também para outros resultados, com os quais se pode banhar a estátua da Santa Muerte durante suas preces e rituais. Para o amor, usam-se pétalas de rosa vermelha, canela, arruda e mel; para sucesso nos negócios, louro, manjericão e arruda; para saúde, alecrim, arruda e lavanda; para prosperidade, louro, alecrim e camomila. Uma vez banhada, você deverá batizá-la e consagrá-la.

Para batizar a imagem, você deverá aspergir água benta ou água pura com uma pitada de sal, sobre a qual você fará uma oração a Deus rogando que a abençoe como, por exemplo: *"Senhor Deus Todo-Poderoso, fonte e origem de toda a vida, abençoai esta água que vamos usar, para que tudo que ela toque seja purificado. Concedei, ó Deus, que, por vossa misericórdia, jorrem sempre para nós as águas da Vossa misericórdia, para que sejamos sempre livres de todo perigo do corpo e da alma.* (faça o sinal da cruz sobre a água). *Por Cristo Nosso Senhor. Amém"*. A maneira de se batizar a imagem aspergindo água benta é a seguinte: mergulhe os três primeiros dedos da mão direita na água e, fazendo um movimento de dentro para fora (ou do seu peito em direção à imagem), "espirre" gotas d'água na imagem dizendo: *"Em nome do Pai, do Filho, do Espírito Santo e da Santíssima Morte, eu te batizo".*

Em seguida, para consagrá-la, use, se possível, a tradicional colônia *Siete Machos*, que, atualmente, é fácil de se encontrar na internet; contudo, na sua falta, poderá ser substituída por *Água de Florida* ou a colônia de alfazema vendida em todas as casas de artigos religiosos do país. Molhe o polegar da mão direita na colônia e trace uma cruz na imagem de cima a baixo e da esquerda para a direita, nos sentidos vertical e horizontal, dizendo: *"Em nome do Pai, do Filho, do Espírito Santo e da Santíssima Morte, eu te consagro".*

Após acordar e limpar a imagem e arrumá-la em seu altar, deve-se, ainda, acender ao menos uma vela untada com o óleo da Santíssima Morte e acrescentar incenso da Santíssima morte sobre brasas (*as receitas do óleo e do incenso você encontrará mais adiante neste livro*), ao que se fará uma oração convidando Santa Muerte a tomar a imagem e o altar como seus. Você pode usar suas próprias palavras para isso, ou se inspirar nestas aqui:

> *Santíssima Morte do meu coração,*
> *Eu vos chamo para que venhais para este local,*
> *Tomando este altar e esta imagem como vossos,*
> *Em nome do Pai, do Filho e do Espírito Santo. Amém.*

Após isso, caso você não tenha problemas com o uso de tabaco, acenda um charuto ou um cigarro e fumigue a imagem com a fumaça (*sahumacion*). Depois de feitos esses rituais iniciais, uma excelente maneira de limpar a sua imagem da Santa Muerte, bem como carregá-la energeticamente, é expô-la por uma noite à luz da lua cheia, já que a Santíssima é profundamente ligada à potência da Lua.

TABUS E INTERDITOS DO CULTO

Preste, agora, muita atenção nestes dois pontos, pois eles são os maiores tabus envolvendo o culto da Santíssima:

❖ Jamais tente consertar uma estátua quebrada, pois normalmente isso é sinal de que a Santa Muerte desviou para a sua imagem algum mal que afligiria você. Enterre-a junto à natureza, não se esquecendo de agradecer à Santíssima pela sua proteção;

❖ E nunca, jamais, coloque imagens de outras entidades ou santos no altar da Santíssima, tampouco ponha a imagem dela num altar consagrado a outras entidades ou santos. No altar da Santíssima, ela e somente ela pode estar. Naturalmente, você pode ter uma, três ou muitas imagens da Santa Muerte num mesmo altar, como é mesmo bastante comum de se ver nos altares dos seus devotos mexicanos. Mas toda e qualquer imagem presente no altar da Santíssima tem de ser dela mesma ou dos seus símbolos, como, por exemplo, a ampulheta e a coruja.

Contudo, dada a devoção do povo mexicano a Nossa Senhora de Guadalupe, você encontrará altares para a Virgem Morena perto dos altares da Santíssima, mas nunca juntos. Se você quiser ter um altar para a Virgem de Guadalupe próximo ao altar da Santíssima, lembre-se de que você terá de passar a ser devoto dessa invocação de Maria. Nesse caso, acenda uma vela para ela e diga uma prece antes de trabalhar com a Santíssima. O mesmo vale para São Miguel. Você poderá ter um altar para o arcanjo príncipe dos exércitos celestiais <u>perto</u> do altar da Santíssima, mas nunca permita que ambos compartilhem o mesmo altar. No caso de São Miguel, você oferecerá a ele água e flores, deixando uma faca ou punhal sobre o seu altar.

Muitos *curanderos* dizem que se você cometer algum deslize com a Santíssima e estiver sofrendo a ira dela, a Virgem de Guadalupe pode ajudá-lo, intercedendo junto a ela. Contudo, outros tantos adeptos do culto dizem que a única potência acima da Santíssima é Deus, de modo que é melhor não ter de comprovar por si mesmo o acerto ou não dessa recomendação.

Outro tabu ao qual você precisa dar muita atenção, sobretudo porque é um "costume" no Brasil, é o de nunca pedir a outro santo ou entidade a mesma coisa que você já pediu à Santíssima. Ela se sentirá enormemente insultada e você, nesse caso, conhecerá o peso da sua mão e o sabor amargo da ira. Por fim, jamais minta para ela, pois ela de tudo sabe. Se você fizer isso, terá contra você toda a mentira e traição que ela puder lhe enviar no seu furioso ímpeto de vingança.

Como você já leu antes neste livro, mas não custa repetir, o culto da Santíssima pressupõe completa lealdade da parte do seu devoto. Se você não se acha pronto ou apto para manter uma relação baseada em pressupostos tão inflexíveis, talvez a Santíssima não seja a devoção mais conveniente para a sua vida neste momento.

DESFAZENDO-SE DOS OBJETOS DE CULTO À SANTA MUERTE

Uma pergunta que pode vir à mente de quem pensa em dar início ao culto à Santa Muerte é se, uma vez iniciadas as práticas devocionais e erigido um altar, é possível deixar de cultuá-la e desfazer-se da sua imagem e dos objetos do seu culto.

Cessar o culto à Santa Muerte é possível, mas é preciso que você o faça com o máximo respeito. Aqui, nunca é demais repetir: respeito, respeito, respeito!

Agradeça à Santíssima por sua companhia, proteção e auxílio. Explique a ela que a respeita e que lhe tem muita estima, mas que se decidiu por não cultuá-la mais dessa maneira. Então, peque todos os objetos e a sua imagem ou fotografia (se você tiver uma) e leve tudo ao cruzeiro das almas de um cemitério.

Chegando lá, disponha tudo de uma maneira organizada e estética, com muito carinho e cuidado. Faça uma última oferenda à Santa Muerte, que consistirá em tequila branca, um charuto, uma vela branca e flores brancas. Se assim fizer, nenhuma mal lhe ocorrerá.

OFERENDAS PARA A SANTÍSSIMA MORTE

As oferendas básicas para a Santíssima são flores, velas, água, tequila, maçãs, tabaco na forma de charutos ou cigarros[3], doces e chocolates. Você nunca poderá deixar as oferendas ficarem velhas, as flores murchas ou as maçãs passadas. Além disso, embora você possa colocar as oferendas no altar na periodicidade que quiser (ainda que não seja recomendável deixar passar mais de uma semana sem dar um presente à Santíssima), o que não poderá jamais faltar no altar é água fresca, que deverá ser trocada diariamente.

A água é o elemento fundamental da vida e à vida, essencial em todo e qualquer culto popular das Américas e afro-americano; sem ela, não há como se trabalhar a Santeria, o

---

[3] No México, alguns devotos oferendam-lhe cannabis, cujo comércio é ilegal em muitos países, inclusive no Brasil. Portanto, você fica advertido a não violar a lei ao cultuar a Santa Morte.

Vodou e a Umbanda, dentre outros. Contudo, ela assume um papel ainda mais destacado no culto da Santa Muerte, porque se entende que ela está constante e permanentemente sedenta. Seu nome em espanhol, *La Parca, A Ressequida*, indica a sua carência do elemento água. A palavra esqueleto, por outro lado, origina-se do grego *skeleton*, que significa secar, ressecar.

Ao trabalhar com cada uma das suas três faces, você também pode fazer oferendas mais direcionadas e, para tanto, pode tomar por base as seguintes sugestões tradicionais:

La Blanca: tequila branca, vinho branco, cerveja amarela, licores doces brancos ou incolores, café com açúcar branco, uma mistura de arroz branco cru e feijões brancos crus, copal, cânfora queimada sobre brasas, incenso de rosas, colônia *Siete Machos*, água de rosas, colônia de alfazema.

La Roja: tequila amarelada, vinho tinto, cerveja avermelhada, cachaça amarela, café com açúcar mascavo, uma mistura de arroz branco cru e feijões vermelhos crus ou arroz amarronzado cru e feijões vermelhos crus, incenso de rosa ou de perfume doce, colônia *Siete Machos*, Água de Florida.

La Negra: tequila escura, vinho tinto, cerveja preta, uísque, café sem açúcar, uma mistura de arroz negro cru e feijões pretos crus, incenso de patchouli, colônia *Siete Machos*, colônia Kananga.

DIAS DA SEMANA MAIS APROPRIADOS

Assim como cada cor da Santíssima tem áreas de atuação e objetivos diferentes, também cada dia da semana serve a propósitos específicos. Assim, ainda que você possa realizar suas preces e rituais a qualquer dia da semana, é importante conhecer a forma tradicional de prática:

- ❖ **Segunda-feira**: proteção com *La Negra*.
- ❖ **Terça-feira**: dominação e justiça com *La Roja*.
- ❖ **Quarta-feira**: agradecimento a qualquer uma das três faces da Santíssima.
- ❖ **Quinta-feira**: cura com *La Blanca*.
- ❖ **Sexta-feira**: amor e dinheiro com *La Roja*.
- ❖ **Sábado**: dano e maldição com *La Negra*.
- ❖ **Domingo**: limpezas espirituais com *La Blanca*.

Há, ainda, duas datas muito importantes no culto da Santa Muerte, consideradas seus dias santos: a Sexta-feira Santa e o dia de Finados (*dia de los muertos* no México). Na Sexta-feira Santa celebra-se o dia em que a Santíssima recebeu Jesus em seus braços e, no dia de Finados, comemoram-se todos os mortos que foram recebidos pela Santíssima.

Números associados às oferendas

Dependendo do seu propósito, você poderá associá-lo à quantidade de oferendas à Santíssima. Por exemplo, poderá oferendar sete velas para atrair dinheiro ou cinco velas para pedir proteção. Da maneira geral, esses são os números consagrados à Santa Muerte e seus objetivos e significados:

- ❖ 3 – orações e trabalhos gerais.
- ❖ 5 – abrir caminhos, resolver problemas e proteção.
- ❖ 7 – atrair algo.

❖ 9 – dominação.

❖ 13 – desfazer ou fazer feitiços e malefícios.

O TÚMULO DA SANTÍSSIMA

Para além da prática domiciliar, com altares dentro e fora das casas, é também comum encontrarmos tributos à Santa Muerte nos cemitérios e locais onde tenha havido mortes, naturais ou não. No México, tradicionalmente, o túmulo da primeira mulher enterrada num cemitério pertence à Santíssima. É costume que se façam oferendas, entreguem-se cartas, fotografias ou peças de roupa nele para a obtenção de graças e favores.

Aqui, é curioso notar a semelhança entre essa devoção à Santa Muerte no túmulo da primeira mulher sepultada num cemitério e o culto haitiano à Maman Brigitte no mesmo local. Com efeito, no Vodou haitiano, Maman Brigitte é a Rainha dos Mortos, os quais podem ser as almas dos antepassados cultuados por seus descendentes, as almas já esquecidas, chamadas de *ghede*, e os Barões, poderosas entidades que, *grosso modo*, podem ser considerados os líderes dos *ghede*. Aliás, Maman Brigitte é a esposa do mais famoso dos Barões, o Barão Samedi.[4]

LA TRIBUTA

La Tributa, que podemos traduzir para "o tributo", é uma oferenda tradicional dos *curanderos* e *brujos*, usada quando

---

[4] Se você se interessa por Vodu haitiano e afro-caribenho e hoodoo popular, leia também o meu livro sobre o tema: *Vodu, Voodoo e Hoodoo: a Magia do Caribe e o Império de Marie Laveau*.

se quer uma atenção especial da Santíssima. Trata-se de oferendá-la nos portões do seu lar, isto é, do cemitério. O tributo também pode ser usado quando se dá início ao culto e, além de se pretender ser apenas um devoto, tem-se a intenção de realizar serviços espirituais com ela e por intermédio dela para terceiros.

Para dar o tributo, você precisará de um vaso de barro, uma réplica de um crânio (que pode ser de gesso ou resina), seis rosas brancas sem folhas e sem espinhos, sete moedas douradas (de valor corrente ou antigas), água comum, água benta e colônia *Siete Machos* (na sua falta, você poderá usar colônia de alfazema).

Você montará o tributo em frente ao seu altar da Santíssima, dizendo as preces habituais. Colocará, então, de maneira uniforme, as seis rosas, enquanto fala com ela como se fosse uma grande amiga. Então, acrescentará água e gotas de água benta, enquanto diz: *"em nome do Pai, do Filho, do Espírito Santo e da Santíssima Morte"*. Feito isso, aspergirá um pouco da colônia e acrescentará as sete moedas. Diga-lhe, então, que você está saindo de casa para lhe entregar um tributo na porta do seu lar (o cemitério) e reze três Pais-Nossos.

Ao chegar no cemitério, coloque o vaso exatamente sobre a linha que demarca o portão do cemitério, de forma que ele não fique nem completamente dentro, nem completamente fora. Conte a ela o porquê de você estar dando esse tributo e, se for o caso de você pretender trabalhar com ela com *brujeria* e *curanderismo*, peça-lhe exatamente isso.

Ao se aproximar do portão do cemitério, lembre-se sempre de bater palma três vezes, dizer quem é você e pedir ao porteiro invisível autorização para fazer o que tiver de fazer. Jogue, então, três moedas como pagamento para ele. Por sua vez, ao sair do cemitério, jogue três pitadas de sal por detrás do seu ombro esquerdo e, chegando à sua casa, tome um banho de limpeza.

LA MANDA

Para além das preces diárias, dos feitiços e rituais feitos com intermédio da Santíssima, ou dos *tributos*, é importante lembrar que a relação que se estabelece com ela é de honra e retribuição. Assim, uma prática comumente realizada é a de oferecer-lhe um agradecimento ou pagamento formal por graças alcançadas, a chamada *manda*.

Para tanto, você precisará - além da sua imagem já devidamente preparada, alimentada, batizada e acordada da Santa Muerte - de quatro velas brancas, quatro velas vermelhas, quatro velas pretas, copal e incenso da Santíssima Morte (nos próximos capítulos você encontrará a receita deste incenso). Garantindo a segurança do local para evitar um incêndio, acenda as velas ao redor da imagem intercalando as cores. Queime o copal e o incenso da Santíssima Morte em brasas e deixe que a fumaça abundante envolva a sua imagem por completo. Deixe as velas queimarem e leve ao portão do cemitério os restos de cera num pratinho de porcelana branca ou de barro.

Uma outra maneira de dar a *manda* à Santíssima é preparar para ela uma lamparina. Para tanto, num copo de vidro, você acrescentará uma mistura de água, água benta (algumas gotas), arruda, manjericão, azeite de oliva, óleo da Santíssima

Morte e colônia *Siete Machos* (ou colônia de alfazema). Para acender a sua lamparina, o modo mais prático e seguro é comprar os pavios prontos para lamparina que se encontram facilmente no comércio. Neste caso, como não haverá restos, o ritual se encerra ali, sem a necessidade de levar algo ao cemitério.

BANHOS NA FORÇA DAS TRÊS "MENINAS"

O procedimento para os banhos será sempre o mesmo: você trabalhará com ervas frescas, que serão maceradas com as mãos na água fresca, ou com ervas secas, com as quais fará uma infusão em água quente e deixará amornar antes de tomá-los. A seguir, você encontrará os ingredientes básicos tradicionalmente utilizados para os banhos de cada face da Comadre: branca, vermelha e preta.

Como o culto à Santa Muerte é extremamente devocional, antes de começar a preparar qualquer banho, lembre-se de oferendar uma vela na cor adequada à Santíssima, juntamente com bebida e tabaco. Então, pegue as ervas e misture-as conversando com a Santíssima, pedindo-lhe aquilo de que necessita. Finalizado o preparo, bafore a fumaça de um charuto nelas. Uma vez pronto o banho, coe-o e novamente bafore a fumaça do charuto no líquido. Acrescente algumas gotas de água benta ou água da Santíssima Morte e da colônia apropriada.

BANHO DE *LA BLANCA*, PARA LIMPEZA, PAZ E HARMONIA:

- ❖ Água benta ou água da Santíssima Morte.
- ❖ Colônia *Siete Machos* ou colônia de alfazema.

- ❖ Alecrim, manjericão e arruda.
- ❖ Um tablete de cânfora.

BANHO DE *LA ROJA*, PARA ATRAIR AMOR, DINHEIRO OU QUALQUER OUTRA COISA:

- ❖ Água benta ou água da Santíssima Morte.
- ❖ Água de rosas.
- ❖ Alecrim, manjericão e arruda.
- ❖ Canela em pau.
- ❖ Um pouco de vinho tinto.

BANHO DE *LA NEGRA*, PARA PROTEÇÃO E DESFAZIMENTO DE FEITIÇARIA:

- ❖ Água benta ou água da Santíssima Morte.
- ❖ Colônia Kananga (ou outra de aroma forte).
- ❖ Alecrim, manjericão e arruda.
- ❖ Três grãos de pimenta preta.
- ❖ Patchouli (folhas ou raízes secas ou óleo essencial).
- ❖ Um pouco de uísque.
- ❖ Uma pitada de pó de carvão.

Simbolismos

Apesar da origem e práticas simples, baseadas na oferenda de preces e alimentos, o culto à Santa Muerte é rico em simbolismos e subjetividades. Nas representações mais tradicionais da Santíssima, alguns elementos ganham destaque: a balança, a coruja, a ampulheta, a foice, o globo terrestre e a lâmpada ou lamparina.

Balança

A balança representa o equilíbrio entre os excessos, como um lembrete para que não se mergulhe fundo demais nas trevas, especialmente no que tange aos pedidos e rituais para objetivos negativos. Sobretudo, é importante ter em mente que, quando se pede a morte de outra pessoa para Santa Muerte, a própria vida do devoto e dos seus entes queridos é igualmente posta nos pratos da sua balança. É, enfim, um símbolo da justiça divina, o que não deixa de ser curioso, pois acaba por usurpar a balança de São Miguel Arcanjo, na qual são julgadas as almas dos mortos segundo o catolicismo tradicional. Contudo, a balança que a Santa Muerte porta é invocada por seus devotos frequentemente para que lhes seja feita uma justiça toda especial, particular e completamente dissociada da justiça terrena.

CORUJA

É muito comum encontrar-se uma coruja aos pés da Santíssima em imagens e desenhos. No México, a coruja é um símbolo de sabedoria e de morte, e, para o culto da Santa Muerte, essa ave representa a sabedoria da Santíssima e a sua habilidade de ver claramente, mesmo nas trevas. Há um ditado local que diz que "*quando a coruja pia, o indígena morre*", mas, para os devotos da Comadre, a coruja é um sinal de bom augúrio, de que Ela está velando por eles. Diz-se, também, que as *brujas* completamente devotadas a ela, sobretudo à sua face negra, passam a fazer parte do seu séquito após a morte na forma de corujas e, por isso, são chamadas de *lechuzas*. Some-se a isso, ainda, o fato de a coruja (*tecolote* na língua asteca) simbolizar a morte na cultura asteca e acompanhar também *Mictlantecuhtli*, o senhor do mundo dos mortos.

AMPULHETA

A ampulheta significa que a morte não é o fim, mas sim uma passagem para uma outra realidade. Outro simbolismo da ampulheta é a lição de que só é preciso mudar as coisas para que tudo recomece novamente. Quando uma porta se fecha, outra se abre. Ela traz, ainda, uma lição de paciência: o esvair da areia da ampulheta nos recorda de que a cada segundo estamos mais próximos do momento em que a Santíssima virá nos buscar.

FOICE

A foice simboliza o poder da Santíssima de cortar o mal, que pode se expressar em inimigos, doenças, vícios, inveja etc., assim como de ceifar a vida. A foice é também um antigo símbolo de prosperidade e de abundância, pois é com ela que se colhem os frutos das colheitas.

GLOBO TERRESTRE

Simboliza a sua onipotência, o seu poder sobre toda vida na face da terra e a sua onipresença, pois para ela não há fronteiras nem caminhos fechados.

LÂMPADA OU LAMPARINA

A lâmpada ou lamparina presente nas imagens de Santa Muerte representa a luz do espírito e também a outorga divina dada a ela para atuar no mundo e nas vidas de todos os seres por ele criados.

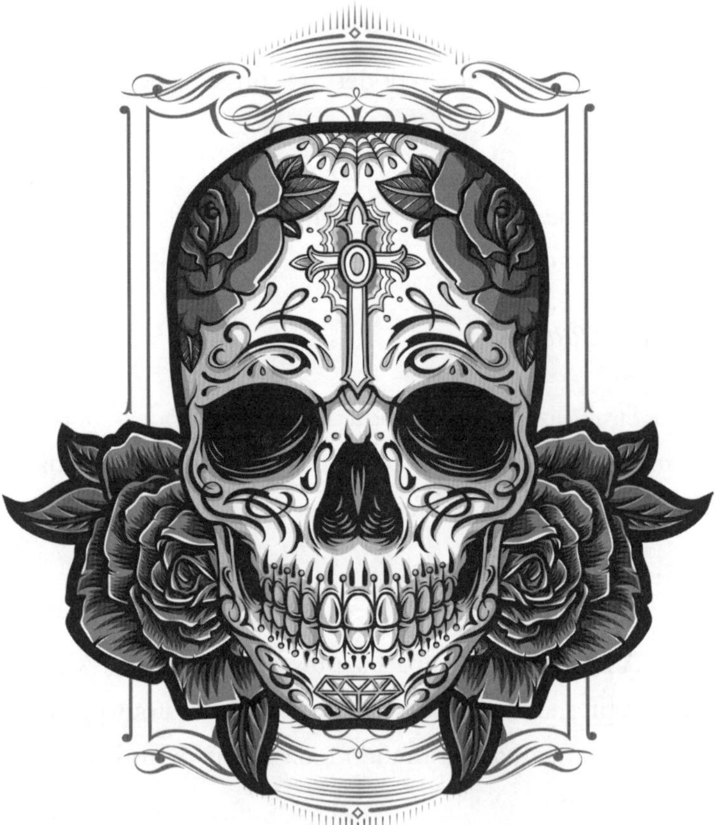

Cores e Velas

A vela é essencial no culto à Santíssima: não se fala com ela, não se pede nada a ela sem lhe ofertar uma vela. A vela oferecida à Santíssima representa o próprio devoto: a cera, o seu corpo; a chama, a sua alma. Uma outra maneira de enxergar o simbolismo da vela é considerá-la como a materialização da prece, que queimará com toda a fé, esperança e desejo do devoto nela focados. Além disso, uma vela acesa representa todos os quatro elementos: terra (a cera sólida), água (a cera derretida), fogo (a chama) e ar (o ar quente e a fumaça). Em suma, a vela é uma ponte entre os mundos físico e sutil ou espiritual, sendo por meio dela que os pedidos dos devotos podem adentrar o reino espiritual.

Há uma regra pétrea na devoção à Santíssima: **<u>um pedido, uma vela</u>**. Mesmo quando se pede pela família ou por um grupo de amigos, deverá ser acesa uma vela para cada pessoa. Da mesma maneira, há um ritual simples, porém necessário para que as velas em questão sejam aceitas por Ela: antes de acendê-las, passe-as no seu corpo, a fim de que elas absorvam a sua energia (a exceção a esse procedimento, naturalmente, são as velas acesas para o bem ou para o mal de uma outra pessoa). Então, grave o seu nome ou o nome da pessoa por quem está pedindo com uma faca, agulha ou alfinete, ou então escreva-o com um marcador permanente. Depois disso, unte a vela com o óleo da Santíssima Morte e só então acenda o pavio.

Você também pode colocar uma foto sua ou da pessoa por quem está pedindo embaixo da vela. Se você pede algo material, fará bem em colocar uma miniatura, desenho ou fotografia do que quer, como, por exemplo, um carrinho de brinquedo se você quer um carro ou a foto de uma casa, se esse é o seu objetivo.

Originalmente, as cores associadas à Santa Muerte são o branco, o vermelho e o preto, havendo ainda hoje devotos, *curanderos* e *brujos* que somente aceitam essas três cores. Assim, as cores das velas oferecidas à Santíssima costumam seguir essa tradição. Alguns sustentam que essas três cores remontam ao Codex Borgia,[5] no qual eram associadas às deidades astecas da morte *Mictecacihuatl* e seu marido *Mictlantecuhtli*. De todo modo, além dessas três cores estarem curiosa e surpreendentemente

---

[5] O *Codex Borgia* ou *Codex Borgianus Mexicanus* é um manuscrito que se acredita remontar a um período anterior à colonização espanhola, provavelmente produzido na região de Puebla. É confeccionado com pele animal e suas 39 folhas são todas pintadas.

ligadas às fases alquímicas, elas representam, praticamente em todo o globo terrestre, ideias como pureza e luz (branco), poder e paixão (vermelho) e morte e escuridão (negro).

As três faces da Santíssima também se caracterizam pelo simbolismo dessas cores. Da mesma maneira, assim são definidas suas personalidades e as áreas de atuação mágica a que comumente se lhe recorre. Recapitulemos:

- ❖ *La Blanca*, com seu manto branco, é acolhedora e maternal, e seus presentes são a saúde, a paz, a concórdia, a purificação e o bem-estar em geral.
- ❖ *La Roja*, com seu manto escarlate, é ígnea, apaixonada, sensual e divertida, conferindo aos seus devotos amor e sexualidade, no que se incluem favores como o aparecimento de um romance, o retorno da pessoa amada, trabalhos de amarração e de dominação, bem como o favorecimento dos profissionais do sexo.
- ❖ *La Negra*, por fim, é terrível, poderosa, misteriosa e vingativa, podendo auxiliar tanto em trabalhos de magia negra envolvendo maldições, quanto fortalecendo e protegendo seu devoto.

Contemporaneamente, ao uso tão somente das três cores básicas – branco, vermelho e preto – tem sido acrescentadas diversas novas cores, fruto do comércio sempre crescente de artigos para o culto e da criatividade dos devotos. Aqui, apresentarei algumas das cores mais comumente encontradas e seus simbolismos e significados mágicos, embora, de minha parte, eu ainda trabalhe apenas com as três cores usadas pelos *brujos* e *curandeiros*.

- ❖ **Branca:** pureza, limpeza, positividade, tranquilidade, harmonia física, mental e emocional, proteção contra energias negativas do dia a dia. Você poderá dar-lhe rosas brancas ou outras flores dessa cor, coco, pão branco, tequila branca e incenso de copal ou olíbano. A vela branca é aquela usada no dia a dia, nas preces cotidianas. As outras cores só deverão ser usadas quando se tem um objetivo muito específico, mas convém sempre lembrar que as velas brancas, na falta das demais, prestam-se a quaisquer dos objetivos atribuídos às outras cores.

- ❖ **Vermelha:** paixão, romance, sexo, atração de um novo amor, manter o desejo sexual, controle na relação, dominação, trazer de volta a pessoa amada. As oferendas poderão ser canela, gengibre, tequila (nunca coisas salgadas, azedas ou amargas, pois isso traria tais qualidades à relação). Use fotos sua e da pessoa amada ou das pessoas, caso esteja trabalhando para terceiros, escreva os nomes nas velas, amarre-as com fitas vermelhas, acrescente roupas íntimas. Aqui, a criatividade é muito importante e convém lembrar que nada, absolutamente nada relacionado à sexualidade humana ofenderá a Santíssima.

❖ **Preta:** força, influência, vingança, maldição, proteção, exorcismo, quebrar feitiçaria. É importante gravar as iniciais próprias ou da pessoa na vela, e colocar uma foto debaixo dela com a data de nascimento e o nome do completo. As oferendas que acompanham a vela preta são mais fortes: tequila, mescal, tabaco forte, flores escuras.

❖ **Laranja:** vícios (drogas, álcool, jogo), maus hábitos, compulsões (alimentar, consumo). É importante colocar embaixo da vela uma foto da pessoa, na qual esteja escrita a sua data de nascimento e nome completo. Pode-se acrescentar, como oferenda, laranja e gérberas da mesma cor.

❖ **Azul:** sabedoria, foco, compreensão, entendimento, fluência verbal ou escrita, criatividade, concentração, questões profissionais, promoções, provas e concursos. Você poderá oferendar flores azuladas, doces azuis, mirtilos e incenso de sálvia.

❖ **Dourada:** abundância, prosperidade, atração de clientela, sucesso nos negócios. As oferendas podem se constituir de flores amarelos, bananas, mangas, milho amarelo, pão amarelo, tequila amarela ou cerveja amarela. Se você estiver passando por dificuldades financeiras, use a vela dourada e as oferendas acima para uma novena com a prece *Vem Dinero*, ensinada nos próximos capítulos.

❖ **Verde:** casos judiciais, problemas legais, julgamentos, audiências judiciais, questões burocráticas, acusações infundadas, boataria. São apropriadas oferendas verdes como maçãs verdes, abacate e manjericão fresco.

❖ **Rosa:** amor duradouro, carinho, ternura, reconciliação. Oferende rosas cor-de-rosa ou outras flores dessa cor, uvas vermelhas, mel e chocolate, e acenda incenso de rosa.

❖ **Roxa ou violeta:** cura física ou espiritual, acesso a reinos espirituais, conexão profunda com a Santíssima nos planos sutis, transmutação do negativo em positivo, divinação, poderes psíquicos, sonhos para aconselhamento. Você pode untar a vela com óleo essencial de alfazema, oferecer violetas, petúnias e berinjelas.

❖ **Amarela:** solução de problemas, sucesso, dinheiro (combinada com a vela dourada), autoestima, autoconfiança, atrair boa sorte, "abrir portas". Oferende frutas amarelas, flores amarelas como girassóis, bananas, milho amarelo, pão amarelo, tequila amarela e cerveja amarela.

Outro aspecto importante: procure respeitar as fases da lua para fazer seus pedidos. A lua cheia é a lua da Santíssima e pode ser usada para qualquer tipo de pedido. A lua crescente é apropriada para quando se quer que algo cresça ou aumente, como dinheiro, amor, sexo, saúde. A lua minguante é usada na intenção de que algo diminua ou desapareça, como um vício, uma doença ou até mesmo o amor entre duas pessoas, ao se tratar de um trabalho mágico de separação. A lua nova, por sua vez, é usada especificamente para maldições e dano.

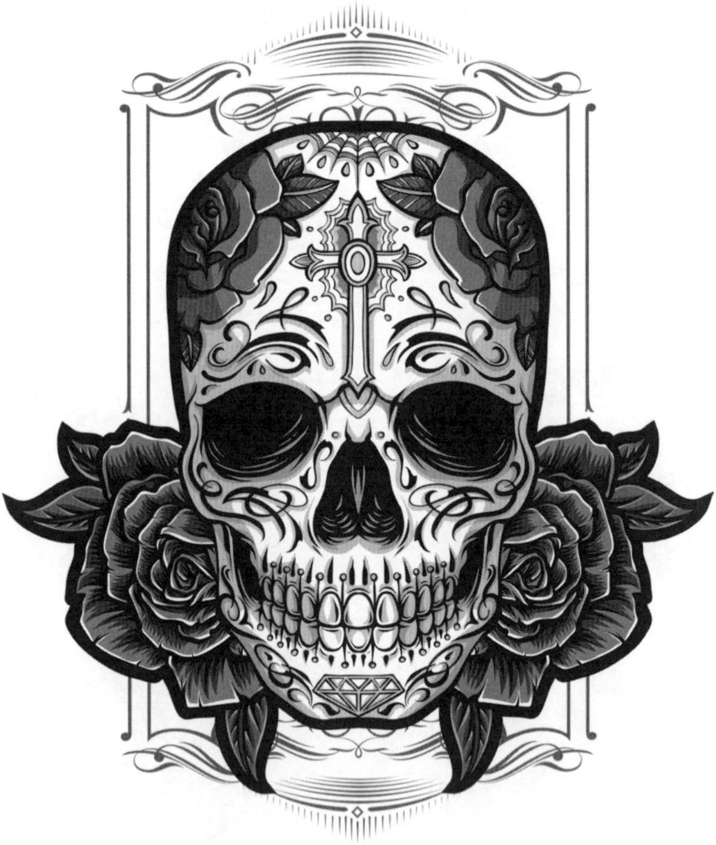

Breviário de Receitas

Nas diversas receitas de feitiços apresentadas neste livro, e também em tantas outras que você encontrará em outros meios, três ingredientes são recorrentes e podem ser facilmente preparados por você: o Óleo, a Água e o Incenso da Santíssima Morte. A seguir, você encontrará a maneira tradicional de preparo de cada uma delas.

Óleo da Santíssima Morte

Ingredientes

- ❖ Azeite de oliva puro, preferencialmente prensado a frio .... 250 ml.
- ❖ Incenso puro em lágrimas (olíbano) .... 25 gr.
- ❖ Botões fechados de rosas brancas .... 25 gr.
- ❖ Arruda .... 25 gr.

Se possível, o ideal é que as plantas sejam colhidas na noite de São João, antes do nascer do sol. Mas que essa recomendação não seja um empecilho para que se faça o óleo desde logo.

Como fazer

Misture as plantas, o incenso e o azeite, deixando essa mistura por 28 dias ao ar livre, a fim de que receba os raios do sol, da lua e o sereno da noite. Todos os dias você deverá agitar a mistura. Passados os 28 dias, simplesmente filtre o óleo e ele estará pronto para o uso.

Este óleo é extremamente poderoso, sendo mesmo um segredo guardado por muito tempo, pois é com ele que se "vestem" as velas oferendadas à Santíssima. Ele se presta a qualquer tipo de trabalho, inclusive trabalhos de malefício, pelo que se deve ter muita cautela ao usá-lo.

Água da Santíssima Morte

A água da Santíssima Morte é preparada com os mesmos ingredientes do óleo, mas trocando-se o azeite de oliva por água pura de nascente ou fonte. Para tanto, ferva a água, adicione o incenso e deixe ferver por 5 minutos. Acrescente, então, a arruda e os botões de rosas brancas, deixando ferver por mais 1 minuto. Tampe e deixe esfriar ao ar livre por 24 horas, a fim de que receba os raios do sol, da lua e o sereno da noite. Feito isso, filtre a mistura (filtro de papel para café pode ser usado) e adicione 30 gotas de água benta de três igrejas. A água da

Santíssima Morte é usada em rituais e orações, mas sobretudo para purificar e abençoar. Você também poderá acrescentar algumas gotas na água do banho, o que se recomenda fazer uma vez por semana, a fim de que você sempre se encontre limpo de influências indesejáveis.

INCENSO DA SANTÍSSIMA MORTE

Este incenso deve ser queimado sobre brasas de carvão e é usado como oferenda à Santíssima, mas também como base para a defumação do lar e do negócio.

INGREDIENTES

- ❖ Incenso puro em lágrimas (olíbano) ....50 gr.
- ❖ Arruda pulverizada ....5 gr.
- ❖ Botões de rosas brancas pulverizados ....5 gr.

COMO FAZER

Misture bem os ingredientes, adicione 7 gotas de óleo da Santíssima Morte e misture novamente.

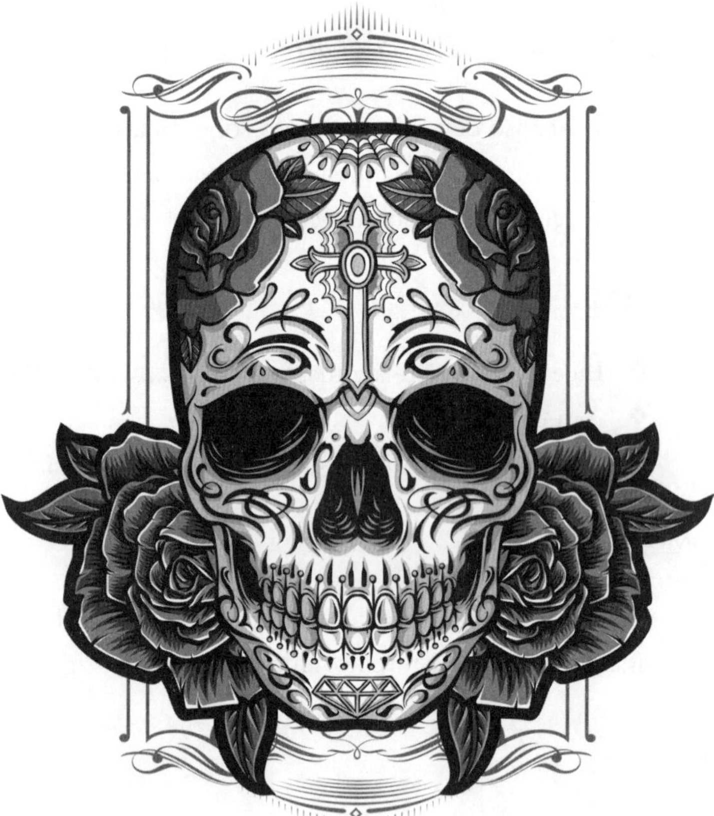

Orações

A maneira mais eficaz de acessar e "conversar" com a Santíssima é através de rezas e orações, que não necessariamente devem ser rezas prontas como as que se apresentam a seguir. Assim, mais vale uma reza usando suas próprias palavras, mas feita com fé e intenção focadas, do que a simples repetição de palavras predefinidas, sem que elas tenham significado pessoal para você e sem que você as sinta em seu coração.

Entretanto, as rezas tradicionais trazem consigo uma força e energia próprias, tanto pelo significado de suas palavras, quanto pela egrégora criada sobre elas em função de seu uso por centenas de milhares de praticantes. Com isso, as orações apresentadas a seguir são as mesmas utilizadas comumente por fiéis da Santíssima por todo o mundo, agora traduzidas para o português.

Credo da Santíssima Morte

Creio em vós, Santíssima Morte, justiceira, poderosa e onipotente, serva fiel de Deus Pai, que em vossas mãos haveremos de viajar para o reencontro com Deus Nosso Senhor.

Creio em vós, Santíssima Morte, que com a vossa foice removeis todos os obstáculos do meu caminho e cortais todo mal dirigido a mim. Sei que com a vossa balança equilibrada, a justiça estará a meu favor e, com vosso olhar poderoso, me protegereis de todo perigo.

Creio em vós, serva fiel de Deus, Santíssima Morte, e sempre crerei, pois aqui juro e afirmo que nunca deixarei de crer em vós. Pactuo convosco, Santa Muerte, para que em troca da minha fé e amor eterno, me protejais sempre em vosso colo.

Creio em vós, Santíssima Morte, pois pela graça divina de Deus rechaçareis a todo poder maligno que me possa possuir minha vontade, e tendo em vista que tudo que me concedereis hoje e sempre será conforme a permissão de Deus.

Creio em vós, Santíssima Morte, e com amor o digo, pois em vós depositei todos os meus sofrimentos e tristezas, com toda fé e esperança difundo a vossa ajuda e o vosso nome, para que assim me ajudeis de maneira rápida e efetiva.

Creio em vós, Santíssima Morte, pois assim caminho protegido contra desvios e tropeços e sigo abençoado(a), não havendo quem possa pisar em mim.

Eu vos venero e adoro como minha fiel guardiã e tendo enunciado meu credo, entrego-vos a promessa de nunca esmorecer na minha fé.

La Persinada ou Sinal da Cruz

Pelo sinal da Santa Cruz
(faça uma pequena cruz com seu polegar na testa)
Livrai-nos Deus, nosso Senhor
(faça uma pequena cruz com seu polegar nos lábios)
Dos nossos inimigos, pela intercessão
da Santíssima Morte
(faça uma pequena cruz com seu polegar no peito)
Em nome do Pai, do Filho e do Espírito Santo
(toque a testa, o peito, o ombro esquerdo e o ombro direito)

Pai-Nosso da Santa Muerte

Faz-se a oração tradicional cristã, mas, após o *"não nos deixeis cair em tentação, mas livrai-nos do mal"*, acrescenta-se:

> *Louvada sede vós, Santíssima Morte, protetora celestial, porque aliviais o sofrimento humano, assim como as desgraças que atraímos para nós mesmos por meio das nossas ações.*

Ave-Maria da Santa Muerte

Segue-se a oração católica tradicional, mas, após o *"rogai por nós pecadores, agora e na hora de nossa morte"*, acrescenta-se:

> *Louvada sede vós, Santíssima Morte, protetora celestial visível e invisível, porque, podendo rejubilar-vos na presença todo poderosa do Criador, vós desceis para ajudar e proteger os vossos filhos e filhas pequeninos.*

INVOCAÇÃO À SANTA MUERTE

Senhora da Morte, espírito-esqueleto poderosíssimo e fortíssimo, que sois indispensável em tempos de perigo, eu, certo da vossa bondade, invoco-vos.

Implorai a Deus Todo-Poderoso que me conceda tudo o que eu peço. Fazei com que aquele que me fez mal ou me lançou mau-olhado se arrependa pelo resto da sua vida e ide atrás dele imediatamente.

Peço-lhe que tragais de volta para mim, apaixonado, aquele que me traiu, e se ele não ouvir a vossa voz misteriosa, fazei-o sentir o poder da vossa foice.

Eu vos louvo como a melhor dos advogados, tanto nos jogos quanto nos negócios, e transformais todos os que vêm contra mim em perdedores.

Ó Senhora da Morte, meu anjo da guarda, Amém!

ORAÇÃO À SANTÍSSIMA MORTE DA SAÚDE

Ó Santíssima Morte da Saúde, vós, que guardais os segredos da vida, expulsai a doença e a dor que dilaceraram o meu corpo e os corpos dos meus entes queridos.

Dai-me algumas gotas do vosso poderoso elixir e restaurai meu corpo com vigor, lucidez e tranquilidade, para que eu possa continuar adorando-vos.

Usai as vossas mãos generosas para pôr fim ao meu sofrimento.

Usai vosso manto para limpar a doença em mim e mandá-la embora para sempre.

Permiti que o poder que existe dentro de mim seja liberado para acabar com a doença, seja ela natural ou sobrenatural. Amém.

ORAÇÃO PARA TODOS OS MOMENTOS

Santa Muerte do meu coração, não me deixes sem tua proteção e concede-me, em todos os momentos, a tua santíssima bênção.

Observação: ainda que a versão traduzida possa ser usada sem qualquer prejuízo, esta oração costuma ser rezada em todo o mundo em sua versão original, em espanhol, como uma reza rimada e ritmada:

Santa Muerte de mi corazón, no me desampares de tu protección y dame en todo momento tu santísima bendición.

ORAÇÃO RIMADA

Santa Muerte do meu coração, brinda-me,
    Senhora, com tua proteção,
Santa Muerte do meu amor,
    livra-me de qualquer traidor,
Santa Muerte da minha alma,
    bendize-me com tua calma.
Santa Muerte, bem te quero, conceda-me o que espero,
Santa Muerte do meu pensamento,
    não me deixa sem sustento,
Santa Muerte bendita, dá-me felicidade infinita.

SANTA MUERTE

Observação: assim como a oração anterior, a "Oração Rimada" também costuma ser rezada em todo o mundo em sua versão original, em espanhol:

> *Santa Muerte de mi corazón, bríndame señora tu protección,*
> *Santa Muerte de mi amor, líbrame de cualquier traidor,*
> *Santa Muerte de mi alma, bendíceme con tu calma,*
> *Santa Muerte de mi vida, concédeme lo que te pida,*
> *Santa Muerte de mis pensamientos, no me dejes sin sustento,*
> *Santa Muerte bendita, dame felicidad infinita.*

ORAÇÃO À FOICE PROTETORA DA SANTÍSSIMA MORTE

> Senhora Branca, Senhora Negra,
> Aos teus pés me prostro, para pedir-te,
> Para suplicar-te, que faças sentir tua força,
> Teu poder e tua onipresença
> Contra os que intentem destruir-me.
> Senhora, te imploro, sê meu escudo,
> E meu resguardo contra o mal.
> Que a tua gadanha protetora,
> Corte os obstáculos
> Que se interponham
> Que se abram as portas fechadas
> E se mostrem os caminhos.
> Senhora minha,
> Não há mal que tu não possas vencer,
> Nem impossível que não se dobre à tua vontade.

A ela me entrego
E espero sua benevolência.
Assim seja.

Observação: assim como as duas orações anteriores, a "*Oração à Foice Protetora da Santíssima Morte*" também costuma ser rezada em todo o mundo em sua versão original, em espanhol:

Señora Blanca, Señora Negra,
A tus pies me postro para pedirte,
Para suplicarte, hagas sentir tu fuerza,
Tu poder y tu omnipresencia
Contra los que intenten destruirme.
Señora, te imploro seas mi escudo
Y mi resguardo contra el mal,
Que tú guadaña protectora
Corte los obstáculos
Que se interpongan,
Que se abran las puertas cerradas
Y se muestren los caminos.
Señora mía,
No hay mal que tu no puedas vencer
Ni imposible que no se doble ante tu voluntad.
A ella me entrego
Y espero tu benevolencia
Amén

Oração para La Blanca

La Blanca, Santíssima Morte do Manto Branco, a mais velha das três, vós que vos assentais à direita de Deus, escutai as nossas orações.

Gloriosa Ossuda, vós que concedeis a morte pacífica na velhice e curais os enfermos por meio do grande poder que Deus vos deu, pedimos-vos que removais todas as doenças das nossas vidas.

Menina Branca, com vossa balança, trazei equilíbrio aos nossos corpos, mentes e almas e protegei de todas as doenças.

Santíssima Morte *La Blanca*, o mais santo dos arcanjos, cubri-nos com o vosso manto puro, nós vos pedimos.

Em nome do Pai, do Filho e do Espírito Santo. Amém.

Oração para La Roja

La Roja, Santíssima Morte do Manto Vermelho, vós que nascestes do primeiro amor, ouvi nossas orações.

Menina Vermelha, vós cujos poderes sobre os assuntos do coração são incomparáveis, que conheceis nossos desejos e nos concedeis o que pedimos.

Gloriosa Madrinha, vós que trabalhais no mundo por meio do grande poder que Deus vos deu, pedimos que nos ajudeis com as nossas muitas necessidades.

Santíssima Morte *La Roja*, o mais santo dos arcanjos, protegei-nos da morte com o vosso manto.

Em nome do Pai, do Filho e do Espírito Santo.
Amém.

ORAÇÃO PARA LA NEGRA

La Negra, Santíssima Morte do Manto Negro, vós que nascestes do primeiro assassinato, vós que sois a mais quentes das três, escutai as nossas orações.

Poderosa Morte entronizada como Rainha das Bruxas, só vós podeis descer ao inferno e não serdes tocada pelos demônios e espíritos que lá residem.

Mãe temível, vós concedeis a proteção mais forte contra maldições, bruxaria e espíritos malignos.

Vós cujos filhos são as doenças do mundo, as quais enviais como bem quereis, concedei-nos a vossa proteção.

La Negra, cubri-nos com o vosso manto sombrio. Pedimos isso em nome do Pai, do Filho e do Espírito Santo.

Amém.

ORAÇÃO DAS CORES DA SANTA MUERTE

Santa Muerte bendita, Santa Muerte do meu coração, não me abandoneis sem a vossa proteção.

Santa Muerte, menina branca, faça o vosso poder afastar a doença da minha casa e que a saúde esteja com todos os meus entes queridos.

Dai-nos luz e força.

Santa Muerte negra, vós sois a proteção contra o mal; afastai meus inimigos e abri o caminho para eles para que não tenham mais raiva de mim.

Fechai os olhos do ódio contra mim e capacitai-os a encontrar a paz interior.

Santa Muerte

Santa Muerte vermelha, vós que ajudais no amor, na paixão e na boa relação com o meu parceiro, meus filhos, meus pais, meus irmãos e todos os meus entes queridos, abençoai-me para que possamos viver em paz e amor para todo o sempre.

Santa Muerte amarela, mantende a inveja longe da minha casa, bem assim a discórdia das pessoas malfazejas.

Concedei-lhes o desejo de terem aquilo de que precisam para que obtenham a sua paz interior e não continuem a me prejudicar.

Santa Muerte dourada, ajudai-me a banir do meu corpo, alma, espírito e trabalho qualquer mal ou dano que feito direta ou indiretamente para fechar os meus caminhos.

Consumi qualquer bruxaria ou feitiçaria, Santa Muerte azul, trazei harmonia, sabedoria e paz para a minha casa, a fim de que eu e minha família possamos alcançar o progresso e a prosperidade.

Santa Muerte verde, atrai dinheiro e proteção para o meu negócio, chamai os clientes e que a abundância venha para mim.

Santa Muerte, menina branca, com esta oração peço-vos proteção, peço-vos que ouças os meus pedidos e que separeis de mim as más ações, pois como um servo(a) fiel espalharei a vossa devoção como um alimento espiritual para cada pessoa que a ela se dedicar.

Que assim seja e assim será.

Amém.

ORAÇÃO DE AGRADECIMENTO

Reza-se à noite, sem acender vela. Após terminar a reza, com o Óleo da Santíssima Morte, trace uma cruz na sua testa.

Santíssima Morte, Senhora da vida e de tudo o que é criado pela vontade e pelo comando de Deus Todo-Poderoso, no final deste dia, agradeço-vos por todos os favores que me concedestes, por me terdes ajudado e peço-vos sinceramente que cuideis do meu sono reparador.

Peço-vos em nome de Deus *(faça o Sinal da Cruz)* Pai, Deus *(faça o Sinal da Cruz)* Filho e Deus *(faça o Sinal da Cruz)* Espírito Santo.

Amém.

ORAÇÃO DE AGRADECIMENTO

Ó Santíssima Morte, dou-vos graças por este dia, pela noite, por este momento, pelo ontem e pelo agora.

Obrigado por estardes comigo em todos os meus sofrimentos, obrigado por estardes comigo quando mais necessitei e obrigado por ver-me quando ninguém mais me viu, minha Madrinha.

Obrigado por estender a vossa mão e levar-me por caminhos melhore.

Obrigado pela força com a qual me brindais, pela sabedoria, pelo conhecimento, pelas oportunidades e meios com os quais me presenteais todos os dias.

Obrigado pela vossa energia em minha vida.

Obrigado pelo que posso ver e pelo que não posso ver; obrigado pelo que posso sentir e pelo que não posso sentir; obrigado pelo que posso escutar e pelo que não posso escutar.

Todo eu, tudo que é meu e tudo que sou é vosso, minha Mãe: minha fé, lealdade, força, poder, sabedoria, mente e energia, assim como minha alma, meu ser, minha essência, meu corpo e minha consciência.

Obrigado minha Santíssima Morte por voltardes a vossa poderosa face a mim, por aceitar-me, dar-me, proteger-me e acompanhar-me.

Obrigado por cada presente, por cada detalhe e por todos os favores concedidos.

Creio e confio em vós inteiramente, porque sois justa e perfeita e assim sereis eternamente, minha Santíssima Morte.

Amém.

Oração Diária

Morte querida do meu coração, escutai a minha oração diária. Suplico-vos sinceramente que, como Deus vos fez eterna e imortal, com o vosso grande poder sobre toda a criação, ponde um fim a todo dano ou maldição que se fizer em mim e na minha casa.

Imploro-vos que a luz desta vela que vos ofereço me ilumine e que os fluidos purificadores deste incenso possam dissolver toda iniquidade, dano ou maldade que em mim ou em minha casa se façam presentes.

Ó Morte do meu coração, peço-vos que vos digneis ser a minha protetora e concedei-me todos os favores que vos peço hoje até o último dia, hora e momento em que Vossa Majestade me conduza à Justiça Divina.

Assim seja.

Faça aqui os seus pedidos pessoais.
Depois de cada pedido, reza-se um Pai Nosso.

Importante: ao finalizar o último Pai Nosso, unte o polegar com um pouco de óleo da Santíssima Morte e faça cinco cruzes, uma na fronte, uma na palma de cada mão e uma na planta de cada pé. As cruzes mais importantes são as da cabeça e mãos.

ORAÇÃO À SANTÍSSIMA MORTE

Esta oração deve ser feita durante sete dias,
oferecendo-se, a cada dia, uma vela branca.

Jesus Cristo vencedor, que na Cruz fostes vencido, vence *(diga o nome de quem se deseja vencer)*, que seja vencido diante de mim em nome do Senhor.

Se é um animal feroz, manso como um cordeiro, manso como a flor de alecrim há de vir; o pão que comeu, dele me deu; a água que bebeu, dela me deu, e pela palavra mais forte que também me deu, eu quero que me tragais *(diga o nome de quem se deseja vencer)*, que ele seja humilhado, rendido aos meus pés, para cumprir o que me ofereceu.

Santíssima Morte, eu sinceramente vos suplico que assim como vos formou o Deus Imortal, com o vosso grande poder sobre todos os mortais até que os coloqueis na esfera celestial, onde todos nós desfrutaremos de um dia glorioso sem noite por toda a eternidade.

Em nome do *(faça o Sinal da Cruz)* Pai, do *(faça o Sinal da Cruz)* Filho e do *(faça o Sinal da Cruz)* Espírito Santo eu vos imploro e vos suplico, dignai-me ser a minha protetora e concedei-me todos os favores que vos peço até ao último dia, hora e momento em que Sua Divina Majestade me ordene seja eu trazido à vossa presença. Amém.

Importante: após o *"Amém"*, reza-se mentalmente e com forte convicção:

Morte querida do meu coração, não me abandoneis, dai-me proteção e não deixeis (diga o nome de quem se deseja vencer) *um momento tranquilo, perturbai-o a todo momento, mortificai-o, inquietai-o para que sempre pense em mim.*

Rezam-se, por fim, três Pais-Nossos.

TRÊS ORAÇÕES CURTAS

Esta oração é uma jaculatória que você poderá usar a qualquer momento, especialmente se estiver em perigo ou necessitando de auxílio imediato.
Ao final, reze três Pais-Nossos.

Santíssima Morte, ó Ser Imortal, liberta a minha mente, o meu corpo e a minha casa de todo o mal. Assim seja e assim será.

Esta oração deve ser feita durante sete dias, oferecendo-se, a cada dia, uma vela branca. Ao final, reze três Pais-Nossos.

Santíssima Morte, ó Ser Imortal, que só fostes vencida por Cristo na Sua Ressurreição, afastai de mim *(nome e sobrenome da pessoa que faz a reza)* todo mal e que *(nome completo da pessoa ou da coisa que quer afastar)*, meu inimigo, venha, humilhado, bater à minha porta. Assim seja e assim será.

Oferecendo uma vela branca e, ao final, rezando três Pais-Nossos.

Pelo poder que tendes, ó Santíssima Morte, Minha Rainha e Senhora, fazei ao vosso filho *(nome e sobrenome da pessoa que faz a reza)*, o favor de me conceder *(descrever o que se deseja, o favor ou o pedido)* e, se isso me concederdes, prometo ser-vos fiel e servir-vos até o dia, hora e momento em que me chamardes para comparecer diante da Justiça Divina. Amém.

NOVENA PARA DOMINAÇÃO AMOROSA

Dia 1

Santíssima Morte, eu vos suplico encarecidamente, em nome da Vossa divina natureza imortal, que vos digneis a olhar para mim e ser minha protetora.

Peço-vos, angustiado, que concedais todos os favores que peço nesta novena até o último dia, hora e momento em que Sua Divina Majestade ordene-vos levar-me à Sua presença na esfera celeste, onde gozarei um dia feliz, sem noite, por toda a eternidade, em nome do *(fazer o Sinal da Cruz)* Pai, do *(fazer o Sinal da Cruz)* Filho e do Espírito *(fazer o Sinal da Cruz)* Santo.

Dia 2

A vós, Santíssima Morte, que venceis com vossa foice até mesmo o mais tirano, peço-vos que *(nome completo de quem se deseja dominar)* seja vencido por mim, e em nome do Senhor.

Se é um animal feroz, manso como um cordeiro, manso como a flor de alecrim terá de cair; o pão que comeu, dele me deu; quero que me tragais *(nome completo de quem se deseja dominar)*, pela palavra mais forte que também me disse, que venha a mim humilhado, rendido aos meus pés, vencido como um inimigo derrotado.

Assim, como creio que não me será impossível, suplico-vos encarecidamente que me concedais isso que vos peço nesta novena, prometendo-vos ser o vosso mais fiel devoto(a) até o final da minha vida.

Amém.

Dia 3

Jesus Cristo vencedor, doce nome de Jesus, por Vossa Santa Muerte, preenchei-me com a Vossa grande luz, enchei-me de alegria, trazendo-me o amor de *(nome completo de quem se deseja dominar)*, seja de noite, seja de dia.

Isso eu vos peço pelo grande poder que Deus vos deu; peço-vos que introduzais no coração de *(nome completo de quem se deseja dominar)* que não tenha olhos senão para mim.

Fazei-me o favor que vos peço nesta novena, pela Santa Muerte de Nosso Senhor Jesus Cristo. Amém.

Dia 4

Ó Santíssima Morte, que redimistes os santos, como ovelhas os deixastes porque assim quisestes, eu vos peço com todo o meu coração, do mesmo modo como Deus vos dotou de uma natureza imortal, fazei que eu somente creia em vós, fazendo-me este milagre com o grande poder que tendes, faz com que *(nome completo de quem se deseja dominar)* não possa ter tranquilidade, tampouco sentar-se numa cadeira, até que, humilde e rendido, venha aos meus pés e que nunca mais se afaste de mim, vos peço pela Santíssima Trindade do Pai Eterno.
Amém.

Dia 5

Ó Santíssima Morte, ó Soberana Senhora, a qual Deus criou para ceifar a vida de todos os mortais e a quem chegaremos todos, não importando as riquezas ou a juventude, pois vos acercais dos velhos, dos jovens e das crianças para levá-los aos vossos domínios quando Deus vos disser.
a Santa Muerte Sagrada, eu vos suplico que com o vosso poder escuro toqueis o corpo e a mente de *(nome completo de quem se deseja dominar)*, para que se apaixone por mim, que não se fixe na beleza física, mas que descubra a bondade da minha alma e reconheça somente a mim como seu único e mais fiel amor.
Amém.

Dia 6

Ó Santíssima, Gloriosa e Poderosa Morte, que velando por mim estais, com este chamado, Senhora Branca, lembrai-vos de mim e das minhas necessidades.

Fazei com que meu pedido seja atendido e venha a mim, Morte Sagrada, como a senhora invencível que sois, fazei com que esse desejo se cumpra e que não passe noite ou dia sem que chegue à minha vida a mensagem que tanto desejo e assim cumprida seja a minha vontade.

Amém.

Dia 7

Ó Santíssima Morte, consolai hoje o meu coração, livrando-me desta aflição e de todo mal com o grande poder que Deus vos deu.

Fazei com que eu desfrute, em meu coração, de um dia sem noites e sem sofrimentos, com a proteção que dais.

Divina Majestade, eu vos peço que me concedais os favores que eu desejo nesta novena.

Dia 8

Milagrosa e majestosa Morte, eu vos peço por intermédio do vosso imenso poder que me devolvas o amor de *(nome completo de quem se deseja dominar)*, não lhe deis um momento de sossego nem de tranquilidade com coisa alguma que seja falado e que não esteja contente com nada.

Se ele(a) dorme, que sonhe comigo, se está desperto(a), que seu pensamento esteja sempre em mim, que não tenha repouso.

Humildemente vos peço que seu amor seja somente meu até a morte.

Amém.

Dia 9

Ó Santíssima Morte, protetora e bendita, pela virtude que Deus vos deu, peço-vos que me livreis de qualquer perigo, malefício ou doença.

Por favor, abençoai a minha vida com sorte, amor e saúde, dai-me a paz que tanto desejo e livrai-me de meus inimigos.

NOVENA À SANTÍSSIMA MORTE PARA QUALQUER NECESSIDADE

Dia 1

Santíssima Morte, diante da vossa Divina Presença, eu me ajoelho, implorando um milagre das vossas mãos para aliviar o meu sofrimento.

A Santíssima Trindade formou-vos com grande poder; vós que atravessais todos as estradas e caminhos, que sabeis o que os homens guardam nos seus corações, peço-vos, escutai a minha oração e respondei-me *(descreva o problema, necessidade e/ou motivo da novena).*

Amém.

Dia 2

Santíssima Morte, amada do meu coração, não me abandoneis sem a vossa proteção.

Ó Santo e Imaculado Ser de Luz, peço-vos que olheis com compaixão para mim e para a minha petição *(descreva o problema, necessidade e/ou motivo da novena)*.

Ó Santo Anjo de Deus, que vireis a cada um de nós, que tendes o poder de remover a alma da carne, eu vos imploro que concedais a petição que coloco diante de vós.

Amém.

Dia 3

Santíssima Morte, Deus no-la deu como um intercessor muito poderoso em tempos de necessidade.

Tende piedade de mim, embora eu não seja digno disso, e olhai com compaixão para a minha oferta de lágrimas, que deito aos pés do vosso trono, confiante na vossa proteção e intercessão *(descreva o problema, necessidade e/ou motivo da novena)*.

Dia 4

Santíssima Morte, confiante em vossa compaixão por todos os seres, venho diante de vós implorando por vossa intercessão em meu momento de necessidade.

Vós que podeis percorrer o mundo num piscar de olhos, deixai que a minha oração seja ouvida com a mesma rapidez e, nas vossas asas rápidas, dai-me um sinal da vossa *(descreva o problema, necessidade e/ou motivo da novena)*.

Dia 5

Santíssima Morte, de braços abertos, dou-vos as boas-vindas à minha vida e ao meu lar, certo de que a vossa Santa Presença será uma sombra de proteção e de graça sobre mim e sobre aqueles que amo.

Ó meu anjo salvador, eu imploro a vós e ao vosso poder, concedei o que vos peço *(descreva o problema, necessidade e/ou motivo da novena).*

Dia 6

Santíssima Morte, com o vosso manto cobris os vossos filhos com a sombra da vossa proteção e com a vossa foice afastais todo o mal. Mãe muito graciosa, eis me aqui, ajoelhado aos vossos pés, suplicando-vos por esta graça *(descreva o problema.*

Dia 7

Santíssima Morte, podeis aliviar o meu sofrimento, pois a Divina Majestade vos encheu de poder.

Confiante na vossa compaixão pelos vossos filhos, venho diante de vós e peço que a minha oração seja ouvida *(descreva o problema, necessidade e/ou motivo da novena).*

Dia 8

Santíssima Morte, só o vosso nome já traz medo ao coração dos espíritos malignos e mesmo os anjos caem das suas posições quando abris as vossas asas gloriosas.

Santa Muerte

Com tanto poder e majestade que possuis, eu imploro que useis vossa força Divina para responder às minhas orações *(descreva o problema, necessidade e/ou motivo da novena)*.

Dia 9

Santíssima Morte, estou confiante em que respondereis a todas as orações colocadas aos vossos santos pés e, em agradecimento pelas muitas bênçãos que me concedereis, prometo amar-vos e honrar-vos sempre.

Estendei a vossa mão para mim e fazei que a minha oração seja atendida *(descreva o problema, necessidade e/ou motivo da novena)*.

Oração de Proteção

Senhor, ante a vossa divina presença, Deus Todo-Poderoso, Pai, Filho e Espírito Santo, eu vos peço consentimento para invocar a Santíssima Morte, minha Menina Branca.

Ó Santíssima Morte, escutai a minha súplica!

Quero pedir-vos de todo coração que destruais, desvieis e rompais toda magia, feitiço, inveja, encantamento e maldade dirigida à minha pessoa, lar, trabalho e caminho.

Santíssima Morte, corta todo ressentimento, desamor e desemprego.

Eu *(diga seu nome completo)* vos peço com grande fé me concedais proteção.

Com a vossa bendita presença iluminai o meu lar, dando-nos amor, paz e prosperidade.

Bendita e louvada seja a vossa presença, Santíssima Morte. Senhor, eu vos agradeço infinitamente, tende caridade ante as minhas provações, que aperfeiçoam o meu espírito.

Senhor, eu vos rendo graças porque em meio a essas provas terei a vossa benção santa e bendita. Amém.

Oração da Saúde

Ó Santíssima Morte, Dona e Senhora da vida, Anjo que nosso Pai criou para servir e ajudar, hoje eu vos imploro, hoje eu vos suplico, concedei-me a saúde e a vida de *(nome completo da pessoa para quem se reza)*.

Que seus dias sobrea a terra perdurem, que seu corpo recupere o vigor e a energia.

Vós que tudo podeis, Morte minha, salvai-o e fazei-o retornar ao seu estado de saúde primordial.

Eu, *(nome completo de quem está rezando)*, imploro-vos, peço-vos neste dia e nesta hora por Jesus Cristo vencedor na cruz.

Comovei-vos e trazei-o(a) de volta à vida plena.

Amém.

Oração para Prosperidade

Esta oração deve ser feita numa manhã de domingo, no horário do nascer do sol. Você deverá orar diante da Santa Muerte Amarela (imagem com o manto amarelo ou vestida com um manto amarelo de tecido ou papel crepom).

Ó minha querida e adorada Santa Muerte, eu *(nome completo de quem está rezando)* vos chamo neste dia, pois minha vontade é ganhar dinheiro, riqueza e fortuna.

Que a riqueza se mantenha sempre na minha vida.

Ó minha querida e adorada Santa Muerte, mantende o constante fluxo de dinheiro em minhas mãos e que a boa sorte nunca me abandone.

Assim como o galo canta, a campainha toca e o trovão ruge, assim vós, minha Santa Muerte, me trareis toda a riqueza de que necessito.

Assim como o sol reaparece todos os dias, que o dinheiro, a riqueza e a fortuna sempre reapareçam na minha vida, pois eu *(nome completo de quem está rezando)* quero que assim seja.

Neste dia, sob o meu pé esquerdo, o dinheiro, a riqueza e a fortuna serão comigo. Que o dinheiro, a riqueza e a fortuna jamais se separem de mim e que jamais me abandonem.

Pelo poder da Santíssima Morte, que assim seja. Que o dinheiro, a riqueza e a fortuna se manifestem rapidamente em meu lar, em meu negócio e na minha vida. Amém.

ORAÇÃO PARA DOMINAÇÃO

Santíssima Morte, eu vos suplico, dignai-vos ser a minha protetora.

Concedei-me este bendito favor pelo qual eu prometo ser vosso fiel pelo resto dos meus dias na terra.

Santíssima Morte, vós que transitais pelos confins do mundo, montanhas, ruas, desertos, estradas e lugares onde quer que vos encontreis, peço a vossa ajuda para que o corpo e a alma de *(nome completo da pessoa que de deseja dominar)* venha até mim. Trazei-o(a), trazei-o(a), trazei-o(a)!

Não permitais que *(nome completo da pessoa que de deseja dominar)* possa na cama dormir, na mesa comer, na cadeira sentar-se, nem estar com homem ou com mulher, pois a minha voz vinda das sombras escutará e meus passos sentirá.

Que meu desejo ardente invada a sua mente e coração que amoroso(a) e desesperado(a) venha rapidamente a mim.

Ó Santíssima Morte, vós que separais o corpo da alma humana, eu *(nome completo de quem está rezando)* vos peço que acendais o espírito, corpo e alma de *(nome completo da pessoa que de deseja dominar)*, para que pense em mim o tempo todo e a mim se entregue, de corpo e alma, impulsionado(a) por vossos grandes poderes.

Espírito, corpo e alma de *(nome completo da pessoa que de deseja dominar)*, escuta minha palavra e vem a mim.

Eu *(nome completo de quem está rezando)* te chamarei de hoje em diante até que estejas ao meu lado.

Eu *(nome de quem está rezando)* domino tua mente e não terá mais tranquilidade até que venhas rendido aos meus pés.

Assim é e assim será. Amém.

ORAÇÃO PARA ATRAIR DINHEIRO

Salve Santíssima Morte! Pelo vosso grande poder, fazei que se derramem em minhas mãos muita abundância, riqueza e sorte. Minha fé está sempre convosco, Santíssima Morte.

Atraí muito dinheiro para a minha vida, riqueza e muita fortuna.

Assim como o galo canta, o cavalo relincha e a campainha toca, assim, Santa Muerte, fazei fluir dinheiro, riqueza e fortuna para mim.

Que assim como sol reaparece e a chuva cai, fazei que o dinheiro, a abundância e a fortuna fluam e refluam até mim.

Preso sob meu pé esquerdo, com meus olhos vejo o dinheiro, a riqueza e a fortuna. Com minhas mãos eu os aprisiono.

Ó meu Anjo da Morte, que o dinheiro, a riqueza e a fortuna venham a mim.

Ó Santíssima Morte, que a riqueza e a fortuna somente se sintam bem perto de mim, que meus bens não possam ficar com nenhuma outra pessoa que não seja eu.

Eu vos peço por meio do vosso grande poder que sejam atendidas todas as minhas necessidades financeiras, alcançando os meus mais íntimos desejos e que nunca mais sofra necessidade alguma por falta de dinheiro.

Ó Santíssima Morte, peço-vos que cuideis dos meus bens para que, quando eu dormir, ao despertar o dinheiro, a riqueza e a fortuna estejam sempre no meu lar, no meu bolso, no meu negócio e onde quer que eu esteja.

Que o dinheiro, a riqueza e a fortuna não se apartem jamais de minha vida e que o valor dos meus bens materiais seja sempre alto, muito alto e destinado apenas para mim.

Que muito dinheiro, riqueza e fortuna venham diante de mim e atrás de mim, para que a minha família e eu possamos ter conforto, poder e saúde, a fim de que tenhamos uma boa convivência e sejamos felizes.

Eu vos peço *(nome completo de quem está rezando)*, Santíssima, que o dinheiro, a riqueza e a fortuna busquem a mim desde hoje; que o dinheiro, a riqueza e a fortuna venham rapidamente ao meu lar, à minha vida, aos meus negócios.

Pelo poder da minha Santíssima Morte, que assim seja.
Amém.

ORAÇÃO PARA OBTER UM FAVOR URGENTE

Ó excelentíssima Santíssima Morte, Bela Senhora do ocaso da vida, venho a vós de todo o meu coração porque sei que a vossa natureza é bondosa, embora justa, e porque sei que não há segredos para vós nesta terra.

Venho a vós de todo o meu coração e com grande fé para que me ajudeis, já que conheceis os meus problemas e dificuldades; vós sabeis das minhas angústias e do meu sofrimento, e é por isso que venho, eu *(nome completo de quem está rezando)* pedir-vos *(diga a sua necessidade)*.

Minha querida e Santíssima Morte, escutai neste momento as minhas súplicas e vinde a mim nesta hora de necessidade, para que eu possa receber o vosso socorro e consolo.

Livra-me deste grande sofrimento e concedei-me *(diga a sua necessidade)*.

Se me atenderdes, minha bem-aventurada Senhora, comprometo-me a agradecer-vos e a divulgar os vossos majestosos milagres, minha querida e Santíssima Morte.

Em vós confio!
Amém.

Oração contra fofoca e boataria

Ó bendita e Santíssima Morte, dona e protetora da minha vida, as más línguas me açoitam e a inveja me rodeia.

Por isso, minha Bela Menina, venho diante de vós para que me libereis da inveja e para que caleis as bocas das pessoas que só querem é me ver derrotado.

Ó Menina do meu coração, escutai o meu pedido, pois desejo que as pessoas deixem de falar mal de mim, que se findem as críticas e traições às minhas costas e que sejam afastadas essas pessoas que só querem o meu mal.

Por favor, Santa Muerte, ajudai-me a fechar as bocas das pessoas não tem uma vida para cuidar e que me querem mal.

Que eu triunfe, que a saúde e a abundância se manifestem em todos os aspectos da minha vida e que nada que me queira prejudicar se aproxime de mim.

Obrigado, minha Menina Branca por calar as bocas dos meus inimigos.

Amém.

Oração para encontrar emprego

Ó Santíssima Morte, dai-me a força necessária para sustentar a minha família, ajudai-me a encontrar um trabalho onde minhas habilidades sejam valorizadas, guiai meus passos até o lugar onde estão a me esperar.

Vós que trabalhais sem descanso e passais noites em claro, permiti-me encontrar um trabalho em que eu seja bem remunerado.

Ó, minha Menina Branca, atendei as minhas súplicas e levai-me pelo bom caminho, fazei-me útil onde quer que me apresente, abri as portas do emprego pela força da vossa poderosa imagem. Mandai-me a graça de um bom trabalho, Santíssima Morte Poderosa!

Amém.

ORAÇÃO DAS TRÊS GRAÇAS

Ao final desta reza, deve-se rezar três Pais-Nossos.

Ó Santíssima Morte, braço poderoso de Deus, venho diante de vós com todas as forças da minha alma para buscar consolo nesta situação difícil.

Não me desampareis nas provações que se apresentam no meu caminho e que vossa divina graça e vosso divino poder deem-me a tranquilidade que tanto desejo.

Aos vossos pés eu suplico *(diga três necessidades ou graças que queira alcançar).*

Dignai-vos recebê-las, pois meu coração está aflitíssimo e sem a vossa ajuda eu sucumbirei. Santíssima Morte, amparai-me, assisti-me, socorrei-me!

Amém.

CONJURO PARA O AMOR

Minha Santíssima e Poderosa Menina Branca, minha boa amiga, minha gloriosa princesa, conheço a vossa força e o vosso poder, eu *(nome completo de quem está rezando)* vos peço que atendais meu desejo.

Peço-vos que *(nome completo da pessoa amada)* não descanse até que estivermos juntos.

Que o corpo de *(nome completo da pessoa amada)* só deseje a mim e ninguém mais.

Que nada possa fazer *(nome completo da pessoa amada)* ter desejo e prazer a não ser por mim e comigo.

Que *(nome completo da pessoa amada)* me ame, me beije, me abrace e me leve sempre em seu coração e a ninguém mais.

Sei que assim será, minha Santíssima Morte.

Amém.

ORAÇÃO DAS SETE MORTES

Usada para fins de destruição. Esta prece deverá ser feita por sete dias seguidos à meia-noite. Para cada dia de reza, acenda uma vela na cor correspondente.

Ó bendita Santa Muerte, por tudo que vedes e por tudo que ouvis, conheceis os males que me fizeram meus inimigos e por isso eu vos invoco neste momento para que escuteis a minha súplica.

Ó gloriosa Santa Muerte Branca, eu *(nome completo de quem está rezando)* peço-vos que ponhais a vida de *(nome completo de quem se deseja destruir)* em vossas mãos, trazendo-lhe rápida destruição.

Ó virtuosa Santa Muerte Dourada, eu *(nome completo de quem está rezando)* vos peço que corteis o dinheiro e os negócios *(nome completo de quem se deseja destruir)*, fazendo com que seus negócios não prosperem.

Ó querida Santa Muerte Vermelha, eu *(nome completo de quem está rezando)* vos peço que corteis as relações e afasteis o amor de *(nome completo de quem se deseja destruir)*, fazendo com que o amor saia da sua vida para sempre.

Ó gloriosa Santa Muerte Marfim, eu *(nome completo de quem está rezando)* vos peço que afasteis a paz e a tranquilidade de *(nome completo de quem se deseja destruir)*, fazendo com que a loucura e a desconfiança sejam a sua companhia.

Ó bendita Santa Muerte Verde, eu *(nome completo de quem está rezando)* vos peço que tragais problemas na justiça e nos bens de *(nome completo de quem se deseja destruir)*, fazendo com que não consiga começar nem terminar nada a que se proponha.

Ó poderosa Santa Muerte Marrom, eu *(nome completo de quem está rezando)* vos peço que tragais fortes vícios e desgraças a *(nome completo de quem se deseja destruir)*, fazendo com que perca completamente o controle da sua própria vida.

Ó justa Santa Muerte Negra, eu *(nome completo de quem está rezando)* vos peço que tragais a desgraça e a doença na vida de *(nome completo de quem se deseja destruir)*, fazendo com que a sua caminhada nesta vida seja sempre cercada de perigos.

Assim é e assim será.

Amém.

ORAÇÃO PARA SEPARAR UM CASAL

Esta oração será feita diante da Santa Muerte Negra (imagem cujo manto seja negro ou vestido com um manto negro de tecido ou papel crepom).

Ó Santíssima Morte, hoje venho a vós para implorar que me ajudeis, pois estou desolado, já que meus melhores anos eu dei a um homem *(ou mulher, conforme o caso da sua reza)* que amo, mas que se separou de mim para ficar com outra(o).

É por isso que vos peço que castigueis a *(nome completo da pessoa rival)*, que tanto dano vem me causando e que se empenhou para destruir o meu casamento.

Afastai essa pessoa de *(nome completo da pessoa amada)* para que volte ao meu lado rapidamente e para sempre.

Minha Santa Muerte, eu *(nome completo de quem está rezando)* vos peço que semeeis a discórdia e o ódio nessa relação, para que comecem a odiar-se e se separem definitivamente.

Eu vos peço que separeis meu amado(a) de tudo que o(a) afasta de mim e que as lágrimas que eu derramei por culta de outra(o) convertam-se em sofrimentos terríveis para *(nome completo da pessoa rival)*.

Ó, minha Menina Negra, usai vossos poderes para tirar do jogo a *(nome completo da pessoa rival)*. Santíssima Morte, eu vos peço que tragais rapidamente *(nome completo da pessoa amada)* neste momento, diante de mim.

Que se esqueça do nome de *(nome completo da pessoa rival)* e que se prostre aos meus pés, o mais rapidamente possível, pedindo-me perdão.

Minha Santíssima Morte, eu vos peço que não me deixeis só.

Amém.

ORAÇÃO PARA ACALMAR A UMA PESSOA MUITO NERVOSA

*Esta oração será feita diante
da Santa Muerte Vermelha ou Negra*

Minha adorada Menina Vermelha *(ou Negra, conforme o caso da sua reza)*, hoje dirijo-me a vós agradecendo-vos por tudo o que fazeis, tendes feito e continuareis a fazer por mim.

Eu vos peço que, com vosso poder soberano, me ajudeis a ter poder sobre *(nome completo de quem se deseja acalmar)*.

Peço que façais com que *(nome completo de quem se deseja acalmar)* me escute, me obedeça e siga meus conselhos, busque minhas recomendações e veja em mim a única fonte inspiradora de que necessita em sua vida.

Minha Santíssima Morte querida, que cada palavra minha soe para *(nome completo de quem se deseja acalmar)* como a lei mais óbvia e natural que possa existir.

Peço-vos, Menina Branca tão querida e estimada, que *(nome completo de quem se deseja acalmar)* reconheça em mim a autoridade necessária para que me siga, assim como eu vos reconheço como autoridade e vos sigo fielmente.

Minha Santíssima Morte querida, eu vos agradeço a vossa grande ajuda e proteção. Amém.

ORAÇÃO PARA ESCAPAR DA CADEIA E DA JUSTIÇA

Ó minha Santíssima Morte, minha senhora protetora, vós sabeis que eu vos amo, venero e, sobretudo, respeito.

É por isso que eu *(nome completo de quem está rezando)* vos peço que me cubrais com vosso manto escuro para que, assim, eu possa ver a luz do dia com meus próprios olhos.

Se a Justiça algum dia me perseguir, defendei-me como uma mãe defende os seus filhos, com diligência e eficácia.

Ó minha Santíssima Morte, escutai o meu apelo e não permitais que meu ânimo se vá, nem minha vontade, tampouco minha saúde.

Minha Menina Branca, percebei o grande fervor com o qual me dirijo a vós e recebei com agrado todas as minhas oferendas, que foram preparadas especialmente para vós, com todo o meu carinho, amor e gratidão.

Ó minha Santa Menina, acudi ao meu chamado, atendei ao vosso devoto fiel, *(nome completo de quem está rezando).*

Nunca me deixeis abandonado, cuidai dos meus como se fossem eu mesmo. Destruí o traidor e o perverso, o que me caluniou, o que me odeia, o que usa de feitiçaria contra mim.

Ó minha Santa Menina, ocultai-me quando não devo ser visto, quando o perigo está perto de mim, quando minha vida está em risco.

Vós bem sabeis que eu sempre vos recompensarei.

Minha amada Menina, meu bem mais querido, minha poderosa amiga e minha constante companheira, guardai-me de todo o mal. Amém.

ORAÇÃO DA PESSOA ENDIVIDADA

Ó Santíssima Morte, senhora clemente e amorosa, eu vos peço que abençoeis minha família e a mim com abundância.

Meu coração sabe que todos os que creem e confiam em vós obtém aquilo que pedem, por isso eu vos suplico do fundo do meu coração que me permitais saldar todas as minhas dívidas monetárias ou espirituais.

Sei que sem a vossa ajuda eu não poderei sair deste momento de aflição.

Eu *(nome completo de quem está rezando)* me ponho de joelhos diante de vós, minha Santíssima Morte, prometendo-vos fazer tudo que eu puder para me livrar deste meu problema.

Eu vos faço este pedido com toda a minha fé, pois é o poder da oração unido à fé que faz um pedido chegar até vós.

Eu vos agradeço antecipadamente as vossas bênçãos, minha mãe, pois sei que escutais o meu pedido.

Minha Santa Muerte, intercedei por mim ante o Pai Eterno livrando-me das minhas dívidas e dos meus credores.

Abençoai-me com a vossa sabedoria para que eu possa saber administrar meus bens e saldar minhas dívidas.

Permiti-me, de agora em diante, andar pelo caminho que a vossa mão me apontar e colocai-me sob o vosso manto, permitindo-me obter o necessário para mim e para os meus entes queridos. Amém.

Oração para ganhar no jogo

Ó minha Santíssima Morte, vós que conheceis todos os segredos da sorte, eu *(nome completo de quem está rezando)* vos peço que me permitais ver a roleta girando a meu favor.

Permiti-me participar do vosso grande poder e trazei para mim o que hoje te peço encarecidamente.

Se assim for a vossa vontade, Santíssima Morte, sereis testemunha da grande devoção que terei por vós.

Ó minha Santa Muerte, afastai de mim todo o azar para que o brilho da vossa luz ilumine meus caminhos.

Assim é e assim será. Amém.

ORAÇÃO PARA CONSAGRAR O DINHEIRO

O dinheiro consagrado à Santa Muerte, uma vez circulando no mundo, multiplicará o dinheiro que chegará às suas mãos. Ao realizar esta prece, coloque as notas de dinheiro sobre o altar, juntamente com folhas de louro e pedaços de canela, acendendo ao menos uma vela amarela à Santíssima.

Ó bendita Santa Muerte, vós que conheceis a imortalidade, eu *(nome completo de quem está rezando)* vos peço que consagreis este dinheiro que hoje tenho nas minhas mãos e que é a recompensa de todo o meu esforço e trabalho.

Ó bendita Santa Muerte, tocai este dinheiro com a vossa mão para que renda abundantemente e não seja desperdiçado, mas, ao contrário, se multiplique muito rapidamente.

Consagrado seja a vós, Santíssima Morte, todo o meu dinheiro. Amém.

ORAÇÃO CONTRA MAGIA MALÉFICA

Ó minha Santíssima Morte, minha Menina Branca, hoje eu me aproximo de vós, mãe poderosa, implorando a vossa benevolência.

Afastai do meu caminho o inimigo e o traidor, tirai todo mal de mim, limpai-me com vosso manto protetor de todo malefício, feitiçaria, bruxaria e maldição.

Minha mãe, eu vos rogo que o dinheiro flua na minha vida e nunca me falte por obra de feitiçaria alguma, guiando meus passos rumo à prosperidade.

Eu vos peço que a sorte e a harmonia sempre estejam presentes neste vosso lar.

Vós que sois a justa entre as justas, sede implacável contra meus inimigos e cortai toda feitiçaria feita contra mim com a vossa foice.

Que meu nome jamais seja manchado com feitiço, pois vós sois a Senhora da Noite.

Ó minha Santíssima Morte, com o mais fervente dos corações eu vos digo: louvado seja o vosso nome para sempre.

Eu *(nome completo de quem está rezando)* vos peço que atendais as minhas súplicas e em troca eu vos prometo difundir esta vossa oração e este vosso culto até o dia e o momento em que vierdes me chamar. Amém.

ORAÇÃO PARA ABRIR CAMINHOS

Eu, *(nome completo de quem está rezando),* invoco o poder e força da Santíssima Morte para superar e vencer todos os obstáculos em minha vida e no meu caminho.

Eu invoco o poder e a força da Santíssima Morte para obter um bom trabalho.

Eu invoco a ajuda da Santíssima Morte para cortar todo azar e desgraça que estejam no meu caminho.

Eu invoco a Santíssima Morte para que me conceda boa sorte e prosperidade em meu caminho, negócio e lar.

Eu invoco a proteção poderosa da Santíssima Morte para que minha vida esteja protegida de todo crime e maldade.

Eu invoco o poder da Santíssima Morte e de sua foice para que sejam cortados todos os perigos e inimigos ocultos.

Eu invoco os milagres e bênçãos da Santíssima Morte para obter prosperidade, abundância, saúde e bem-estar.

Eu *(nome completo de quem está rezando)* creio no poder e na força da Santíssima Morte e, desse modo, cada porta e cada caminho que estejam fechados para mim serão abertos agora e abertos permanecerão. Amém.

PARA GANHAR UM PROCESSO JUDICIAL

Ó Santíssima Morte, eu invoco a vossa balança e a vossa justiça.

Minha Senhora, vede meu coração, escutai meus apelos que faço neste momento de extrema necessidade, fazei com que a vossa justiça se faça sobre a terra e que a vossa mão divina possa guiar as decisões dos juízes e dos carcereiros.

Grande Senhora, sede implacável com os maus reincidentes, justa com os inocentes e bondoso com os que se arrependem de coração.

Ó minha Menina Branca, escutai meus pedidos e protege-me da iniquidade e da indolência.

Neste dia, peço-vos que meu caso seja submetido à vossa balança e que eu obtenha o perdão dos juízes.

No devido momento, vós mesma me julgareis e colocareis as palavras que vos dirijo agora na vossa balança, concedendo-me então o castigo ou a absolvição.

Santíssimo, em vós confio. Amém.

ORAÇÃO PARA SAIR DA CADEIA

A presença da minha Santa Muerte vive dentro de mim e me acompanha sempre e quero confessar que estou muito arrependido do erro que me levou a esta situação.

Eu *(nome completo de quem está rezando)* invoco a presença espiritual da Santíssima Morte para que me ponha em liberdade e me acolha sob o seu manto protetor, resguardando-me de todos os perigos a que eu possa estar exposto até o dia em que ordene levar-me com ela.

Minha Santíssima Morte, eu vos peço um bom advogado e um bom juiz, já que não há juiz mais justo do que a minha Santíssima Morte.

Vós tudo vedes e tudo sabeis, conheceis meus pecados e minhas falhas, mas também sabeis do meu imenso amor por vós e por isso ponho-me em vossas mãos para que me presenteeis com a minha rápida liberdade.

Amém.

CONJURO DO CIGARRO

Usada para dominar a pessoa amada.
Esta oração deve ser feita às onze horas e trinta minutos da noite,
não sem antes oferecer um cigarro para a Santíssima.

Eu ofereço a fumaça deste tabaco aos sete espíritos amarrados aos pés da Santíssima Morte.

Pelo espírito da alma errante, pelo espírito do *macho cabrío*,[6] pelo espírito vivo, alma e matéria de *(nome completo da pessoa amada)*, que fique desesperado(a) e não tenha tranquilidade, nem sossego e pense somente em mim, que chamo *(nome completo de quem está rezando)*.

Eu te busco como a alma errante busca a redenção; eu te busco como o *macho cabrío* busca a ti *(nome completo da pessoa amada)*.

Em toda parte, ele te encontrará e te trará aos meus pés desesperado(a), humilhado(a) e fervendo de amor por mim.

Eu te conjuro *(nome completo da pessoa amada)* parte por parte, junta por junta, para que a tua natureza não possa se desenvolver com nenhuma outra pessoa e somente em meu corpo encontre sossego e venhas desesperado(a) buscar-me.

Eu te conjuro *(nome completo da pessoa amada)* da cabeça aos pés, pela hora do teu nascimento.

Eu te conjuro pelos nove meses em que estiveste no ventre de tua mãe *(nome completo da mãe da pessoa amada)*.

Eu te conjuro da cabeça aos pés pela hora da tua Primeira Comunhão.

Tabaco que em fumaça te convertes pela virtude que tens, e pela virtude que eu te confiro, penetres a alma e o corpo

---

[6] O *macho cabrío* é uma figura folclórica derivada dos cultos gregos de fertilidade e do culto a Pan. Na Idade Média, passou a ser associado ao próprio Diabo que atendia ao sabá das bruxas, como retratado na tela *El aquelarre* de Goya. Assim, nessa oração bastante popular no México, está-se a invocar o Diabo das bruxas.

de *(nome completo da pessoa amada)*, para que se estiver dormindo, sonhe comigo; se estiver caminhando, veja a minha sombra; se estiver pensando, a mim deseje, veja meu rosto e ouça meu nome.

Esta fumaça que ofereço será a ponte entre *(nome completo da pessoa amada)* e eu, para que *(nome completo da pessoa amada)* ouça a minha voz onde quer que esteja.

Se tem cabeça, em mim pense; se tem olhos, a mim veja; se tem nariz, a mim cheire; se tem boca, de mim fale; se tem ouvidos, a mim ouça; se tem coração, a mim queira; se tem mãos, a mim toque; se tem pés, a mim busque.

Que *(nome completo da pessoa amada)* não tenha satisfação nem prazer senão ao meu lado, que não possa falar nem com homem nem com mulher, nem na cama dormir, nem na mesa comer senão pensando em mim que me chamo *(nome completo de quem está rezando)*, pelo poder da Santíssima Morte.

ORAÇÃO PARA TRAZER DE VOLTA A PESSOA AMADA

Esta oração deverá ser feita numa sexta-feira, às onze horas e trinta minutos da noite, durante sete dias consecutivos. Oferende uma vela vermelha à Santíssima em cada um dos sete dias. Se puder, coloque uma fotografia da pessoa amada em seu altar.

Pelos poderes da terra, pela presença do fogo, pela inspiração do ar, pelas virtudes da água, eu invoco e conjuro a Santíssima Morte.

Pela força dos corações ardentes sagrados e das lágrimas amargas derramadas por amor, a fim de que vá até *(nome completo da pessoa amada)*, onde quer que se encontre, trazendo seu espírito a mim *(nome completo de quem está rezando)* e amarrando-o definitivamente ao meu.

Que seu espírito se banhe no meu amor e me ame em dobro.

Que *(nome completo da pessoa amada)* jamais queira outra pessoa e que seu corpo só a mim pertença.

Que a minha memória o(a) preda para sempre pelos poderes desta oração.

Minha Menina Branca, Santíssima Morte, usai o vosso poder e afastai *(nome completo da pessoa amada)* de qualquer mulher *(ou homem, conforme o caso da sua reza)* com quem ele(a) esteja neste momento e que seus lábios só possam pronunciar o meu nome.

Eu *(nome completo de quem está rezando)* quero amarrar o espírito e o corpo de *(nome completo da pessoa amada)*, minha Santíssima, mantendo-o(a) atado(a) a mim e apaixonado(a) perdidamente por mim.

Quero que ele (ela) seja dependente de mim e meu escravo, que enlouqueça por mim, desejando-me ardentemente como se eu fosse a última pessoa sobre a face da terra.

Quero o seu coração atado ao meu por toda a eternidade em nome da Grande Rainha, minha Santíssima Morte, e que nasça esse sentimento no coração de *(nome completo da pessoa amada)*, que ficará preso a mim pelas 24 horas do dia.

Ó minha Menina Branca, Santíssima Morte, vós havereis de trazer *(nome completo da pessoa amada)* a mim, pois eu o(a) desejo e o(a) quero depressa.

Em nome do vosso grande poder, eu vos peço humildemente que *(nome completo da pessoa amada)* comece a amar-me e a desejar-me a partir deste exato momento e que pense somente em mim como se eu fosse a única pessoa no mundo.

Que *(nome completo da pessoa amada)* venha correndo até mim, cheio(a) de esperança e desejo, que não tenha sossego nem paz nem descanso até que venha até mim.

Ó Santíssima Morte, eu vos imploro que me tragais urgentemente *(nome completo da pessoa amada)*.

Que venha manso(a) e apaixonado(a) tal como desejo.

Eu *(nome completo de quem está rezando)* vos agradeço, Santíssima Morte, e prometo sempre levar a vossa imagem comigo.

Ó poderosa Menina Branca, quero de volta a minha pessoa amada *(nome completo da pessoa amada)*, que me fere com seus desprezo e esquecimento.

Que ele(a) se esqueça de uma vez por todas todos os seus outros amores.

Que seja desanimado(a) e frio(a) com outras pessoas, que brigue e se decepcione com qualquer pessoa que com ele(a) esteja.

Que *(nome completo da pessoa amada)* sinta repulsa por outra pessoa e que termine imediatamente qualquer outro relacionamento.

Que passe seus dias e noites pensando em mim e em como me fazer feliz.

Minha Menina Branca, preciso de um sinal, de um telefonema, de qualquer outro contato para que eu saiba que ele(a) pensa em mim e me quer bem.

SANTA MUERTE

Que ele (ela) fale comigo e que sinta uma grande necessidade de me ver.

Vós, Santa Muerte, sois forte e poderosa, trazei meu amado(a) aos meus pés, que venha correndo, que deixe tudo e todos e que só possa pensar em mim.

Ó minha linda e poderosa Menina Branca, eu vos peço que, com o vosso grande poder, façais desaparecer quaisquer barreiras, para que *(nome completo da pessoa amada)* me ame e me deseje loucamente.

Que *(nome completo da pessoa amada)* sofra longe de mim e não suporte mais a distância.

Quero ouvir sua voz pedindo para estar comigo e regressando para mim para sempre, dizendo que me ama e que só quer a mim.

Obrigado, minha Santíssima Morte.

Eu vós eu creio e confio.

Amém.

ORAÇÃO DAS LÂMINAS

Esta oração volta-se a abençoar facas, tesouras ou lâminas que serão colocadas na soleira das portas, nas janelas e embaixo das camas, para proteção.

Santíssima Morte, senhora compassiva, derramai a vossa luz nos lugares escuros para o vosso servo(a) dedicado, para que os seus entes queridos sejam mantidos longe do mal.

Com o vosso poder, fazei a luz retornar após a escuridão e abençoai estes lugares, para que eles possam cortar os maus eflúvios antes mesmo que entrem e apunhalar qualquer intruso maligno, bem como manter as forças dos seres malignos à distância.

Abençoai esta lâmina, para que ela possa romper as intenções negativas e encher meu lar com as alegres bênçãos da vossa proteção. Amém.

ORAÇÃO DA ROSA BRANCA

Oferece-se uma rosa branca à Santíssima.
Ao final, rezam-se três Pai Nosso.

Rosa branca preciosa, eu venho a vós com o coração na mão. Sabias, menina, que com amor encheis a vida de bênçãos?

Com fé, invoco-vos para virdes em meu auxílio para que qualquer animal que se levante contra mim caia domado pelo vosso poder.

Mantende quaisquer inimigos que me desejem mal fora da minha vida.

Não permitais que as armas sejam tomadas contra mim e que todos os maus desejos nutridos contra mim não se tornem realidade, porque vós estais comigo.

E dizei-me, preciosa protetora, quem pode ir contra vós?

Santíssima rosa que foi criada no princípio pela mão do Todo-Poderoso, peço-vos que me ajudeis com este problema *(diga o problema)*.

Em nome do Pai, Filho e Espírito Santo, por vossa infinita misericórdia, ó Santíssima Morte, venho a vós neste momento de tormento para que possais ouvir o meu apelo e vir em meu auxílio.

Enchei-me de poder para que todos tremam quando me virem.

Fazei sua coragem derreter e seus medos se multiplicarem.

Ó, Santíssima Morte, ouve o clamor deste coração que pede que estendais vossa mão misericordiosa e me protejais daqueles que querem me ver em desgraça.

Ó, Santíssima Morte, derrubai meus inimigos aos meus pés.

Não lhes mostreis misericórdia.

Transformai seu pior medo em seus pesadelos, pois vós me protegeis e cuidais de mim.

Multiplicai meu dinheiro, Santa Donzela, para que minha vida se torne mais agradável.

Trazei-me a pessoa que eu amo, *(nome completo da pessoa amada)*, e fazei-a amar-me mais a cada dia.

Dominai-a com o vosso olhar e trazei-a para mim, ó Santíssima Rosa Branca.

Com fé infinita, eu estou sob o vosso manto, Linda Menina, e sob vossos cuidados eu permaneço.

Amém.

ORAÇÃO PARA A CURA DE SI MESMO

Usada para a cura de enfermidades físicas, emocionais e espirituais. Ofereça uma vela branca e incenso. Ao final, reze um Pai Nosso.

Santíssima Morte, assim como Deus vos fez imortal, dando-vos grande poder sobre todos os mortais, até que nos leveis até a Esfera Celestial, onde desfrutaremos de um dia glorioso sem noite, em nome de Deus *(fazer o Sinal da Cruz)* Pai, de Deus *(fazer o Sinal da Cruz) (fazer o Sinal da Cruz)* Filho e de Deus *(fazer o Sinal da Cruz)* Espírito Santo

Peço-vos sinceramente que vos digneis ser minha protetora e me concedais o favor de curar meu espírito e meu corpo desta doença que me aflige.

Peço-vos também que tanto o meu corpo como o meu espírito sejam saudáveis até ao último dia, hora e momento em que Sua Divina Majestade vos ordene que eu seja trazido à presença da Justiça Divina.

Sem querer ofender-vos, peço-vos que este último transe seja rápido e indolor.

Prometo ser-vos fiel até este momento.

Assim seja e assim será.

ORAÇÃO PARA COMEÇAR UM NOVO PROJETO COM LA BLANCA

Bendita sois vós, ó Menina Branca, irmã Branca que gira a roda da vida e da morte. Invoco agora o vosso imenso poder.

Santa Senhora do renascimento e da renovação, peço que abençoeis este projeto nascido dos meus desejos, protegendo seu crescimento da inveja e do ódio alheio.

Que suas raízes não causem nenhum mal a mim ou aos meus, mas que dê frutos doces a meu favor.

Menina Branca, vós que sois poderosa e sábia, ajudai-me agora, do início ao fim deste novo projeto. Amém.

Oração para ter coragem com La Roja

Menina Rubra, minha Santa da Força, vosso poder tudo vence, derruba os poderosos, e faz iguais os guerreiros e os covardes.

Santa Morte, minha santa do manto vermelho, busco coragem diante dos perigos e mesmo do perigo de morte.

Emprestai-me vossa potência e vosso poder, amparando a minha determinação e me dando força para enfrentar tanto os meus inimigos quanto os meus medos.

Menina Rubra, o vosso poder é vasto e poderosa é a vossa força. Emprestai-me vossa potência e vosso poder agora. Amém.

Rosário da Santíssima Morte

Há várias versões do rosário da Santíssima Morte. A maioria fortemente católica, respeitando os cinco Pais-Nossos e as cinquenta Ave-Marias do rosário tradicional e acrescentando jaculatórias à Santíssima Morte. Esta, contudo, é a menos católica de todas, pois substitui as Ave-Marias por orações assemelhadas à Santa Muerte.

Segurando a cruz ou a medalha

Pelo sinal da Santa Cruz
(faça uma pequena cruz com seu polegar na testa)

Livrai-nos Deus, nosso Senhor
(faça uma pequena cruz com seu polegar nos lábios)
Dos nossos inimigos,
pela intercessão da Santíssima Morte
(faça uma pequena cruz com seu polegar no peito)
Em nome do Pai, do Filho e do Espírito Santo
(toque a testa, o peito, o ombro esquerdo e o ombro direito).

Depois

Credo Católico OU Credo da Santa Muerte.

Primeira conta

Pai Nosso que estais nos Céus, santificado seja o vosso Nome, venha a nós o vosso Reino, seja feita a vossa vontade assim na terra como no Céu. O pão nosso de cada dia nos dai hoje, perdoai-nos as nossas ofensas assim como nós perdoamos a quem nos tem ofendido, e não nos deixeis cair em tentação, mas livrai-nos do mal.
Amém.

Três contas seguintes

Ave Maria, cheia de graça, o Senhor é convosco, bendita sois vós entre as mulheres e bendito é o fruto do vosso ventre, Jesus. Santa Maria, Mãe de Deus, rogai por nós pecadores, agora e na hora da nossa morte.
Amém.

Depois

Glória ao Pai e ao Filho e ao Espírito Santo. Como era, no princípio, agora e sempre. Amém.

Então, anuncie o mistério,

1º Mistério: A foice é entrega à Santíssima Morte, para que ela pudesse ceifar as vidas humanas.

Quarta conta

Pai Nosso que estais nos Céus, santificado seja o vosso Nome, venha a nós o vosso Reino, seja feita a vossa vontade assim na terra como no Céu. O pão nosso de cada dia nos dai hoje, perdoai-nos as nossas ofensas assim como nós perdoamos a quem nos tem ofendido, e não nos deixeis cair em tentação, mas livrai-nos do mal. Amém.

Próximas dez contas

Santíssima Morte do nosso coração, não nos abandone sem a vossa proteção, defendei-nos dos nossos inimigos e dai-nos uma morte em paz. Ó, Santa Mãe, escutai a nossa prece. Amém.

Depois

Glória ao Pai e ao Filho e ao Espírito Santo. Como era, no princípio, agora e sempre. Amém.

Então, anuncie o mistério

2º Mistério: A balança é entrega à Santíssima Morte, para que ela pudesse pesar nossas ações boas e más.

Conta grande

Pai Nosso que estais nos Céus, santificado seja o vosso Nome, venha a nós o vosso Reino, seja feita a vossa vontade assim na terra como no Céu. O pão nosso de cada dia nos dai hoje, perdoai-nos as nossas ofensas assim como nós perdoamos a quem nos tem ofendido, e não nos deixeis cair em tentação, mas livrai-nos do mal. Amém.

Próximas dez contas

Santíssima Morte do nosso coração, não nos abandone sem a vossa proteção, defendei-nos dos nossos inimigos e dai-nos uma morte em paz. Ó, Santa Mãe, escutai a nossa prece. Amém.

Depois

Glória ao Pai e ao Filho e ao Espírito Santo. Como era, no princípio, agora e sempre. Amém.

Então, anuncie o mistério

3º Mistério: O mundo é entregue à Santíssima Morte e ela passa a segurar nossas vidas em suas mãos.

Santa Muerte

Conta grande

Pai Nosso que estais nos Céus, santificado seja o vosso Nome, venha a nós o vosso Reino, seja feita a vossa vontade assim na terra como no Céu. O pão nosso de cada dia nos dai hoje, perdoai-nos as nossas ofensas assim como nós perdoamos a quem nos tem ofendido, e não nos deixeis cair em tentação, mas livrai-nos do mal. Amém.

Próximas dez contas

Santíssima Morte do nosso coração, não nos abandone sem a vossa proteção, defendei-nos dos nossos inimigos e dai-nos uma morte em paz. Ó, Santa Mãe, escutai a nossa prece. Amém.

Depois

Glória ao Pai e ao Filho e ao Espírito Santo. Como era, no princípio, agora e sempre. Amém.

Então, anuncie o mistério

4º Mistério: o aparecimento da Santíssima Morte, mostrando os horrores da morte, assim como a imortalidade da alma, pois assim como os ossos sobrevivem à destruição da carne, a alma sobrevive à destruição do corpo.

Conta grande

Pai Nosso que estais nos Céus, santificado seja o vosso Nome, venha a nós o vosso Reino, seja feita a vossa vontade assim na terra como no Céu. O pão nosso de cada dia nos dai hoje, perdoai-nos as nossas ofensas assim como nós perdoamos a quem nos tem ofendido, e não nos deixeis cair em tentação, mas livrai-nos do mal. Amém.

Próximas dez contas

Santíssima Morte do nosso coração, não nos abandone sem a vossa proteção, defendei-nos dos nossos inimigos e dai-nos uma morte em paz. Ó, Santa Mãe, escutai a nossa prece. Amém.

Depois

Glória ao Pai e ao Filho e ao Espírito Santo. Como era, no princípio, agora e sempre. Amém.

Então, anuncie o mistério

5º Mistério: a ampulheta é entregue à Santíssima Morte, para que nos lembremos de que o nosso tempo nesta terra está se esvaindo a cada segundo e nos aproximando mais do encontro final com nossa Mãe.

Conta grande

Pai Nosso que estais nos Céus, santificado seja o vosso Nome, venha a nós o vosso Reino, seja feita a vossa vontade assim na terra como no Céu. O pão nosso de cada dia nos dai hoje, perdoai-nos as nossas ofensas assim como nós perdoamos a quem nos tem ofendido, e não nos deixeis cair em tentação, mas livrai-nos do mal. Amém.

Próximas dez contas

Santíssima Morte do nosso coração, não nos abandone sem a vossa proteção, defendei-nos dos nossos inimigos e dai-nos uma morte em paz. Ó, Santa Mãe, escutai a nossa prece. Amém.

Depois

Glória ao Pai e ao Filho e ao Espírito Santo. Como era, no princípio, agora e sempre. Amém.

Então, diga a oração de encerramento

Ó, gloriosa Santíssima Morte, nós vos suplicamos amorosamente que, com o grande poder que Deus vos deu, removais toda a escuridão e todo o mal das nossas vidas.

Protegei os nossos lares e os nossos entes queridos e enchei nossas vidas com a graça da vossa presença. Santa Muerte do nosso coração, não nos abandoneis sem a vossa proteção.

Segurando a cruz ou a medalha

Pelo sinal da Santa Cruz
(faça uma pequena cruz com seu polegar na testa)
Livrai-nos Deus, nosso Senhor
(faça uma pequena cruz com seu polegar nos lábios)
Dos nossos inimigos,
pela intercessão da Santíssima Morte
(faça uma pequena cruz com seu polegar no peito)
Em nome do Pai, do Filho e do Espírito Santo
(toque a testa, o peito, o ombro esquerdo e o ombro direito).

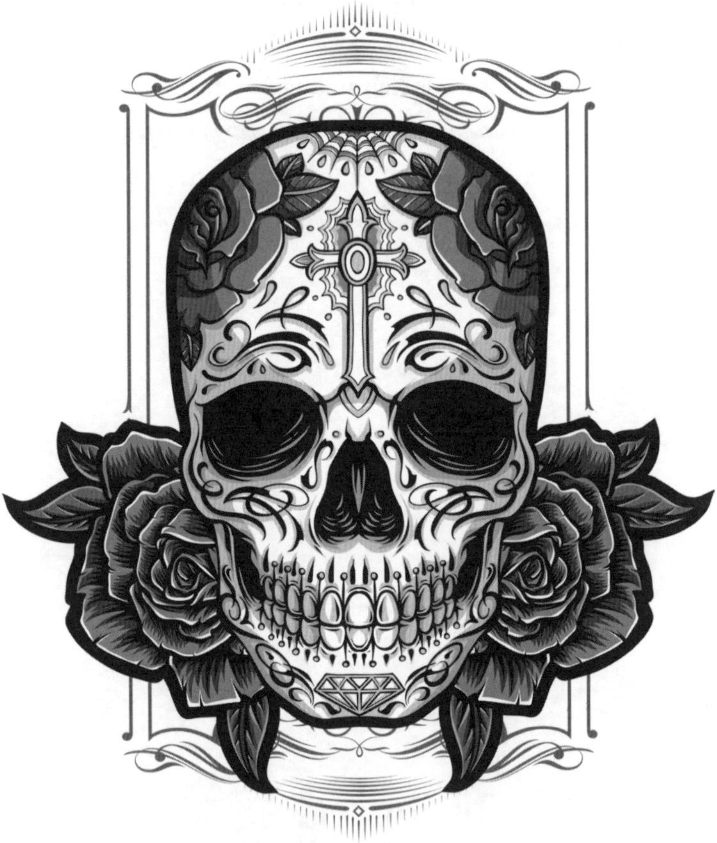

Feitiços

Para todos os rituais com a Santíssima Morte, a primeira e última coisa a fazer é esfregar as mãos e os braços com a *Água da Santíssima Morte*. Depois, untar as velas com o *Óleo da Santíssima Morte*, acendê-las e invocá-la através das preces.

Feitiço simples para todos os fins

Usando tudo o que você aprendeu até aqui – as cores dos mantos e das velas da Santíssima, as oferendas mais apropriadas, os dias da semana mais auspiciosos para cada tipo de objetivos e os números também atribuídos a cada favor que se pede a ela, você usará esses ensinamentos para um feitiço básico que serve virtualmente para absolutamente tudo,

Além dos elementos votivos já apresentados, você precisará apenas de uma maçã, na qual fará um buraco em que caiba uma vela na cor desejada (uma das três cores básicas tradicionais ou qualquer uma das cores modernas). Ponha a maçã com a vela dentro no centro de um prato branco, no qual você poderá ainda colocar as misturas de grãos usadas para cada uma das faces da Santíssima (conforme o pó preparado para consagrar suas imagens), lembrando-se de que, no sistema tradicional, *La Roja* responde por tudo que não seja limpeza espiritual, agradecimento, proteção, maldição ou quebra de feitiços. Acrescente o incenso apropriado, o perfume, a bebida e o tabaco.

Você também poderá incluir uma carta para a Santíssima expondo cuidadosamente aquilo de que precisa. Atente para os números tradicionalmente associados a cada finalidade, pois eles corresponderão à quantidade de noites em que você repetirá este ritual (3, 5, 7, 9 ou 13). A cada noite, você preparará uma maçã nova. Terminados os dias escolhidos para trabalhar, deixe o que restar na porta de um cemitério.

La Limpia

Há inúmeras variantes do processo de limpeza espiritual nos países latino-americanos e você certamente já se deparou com um deles, sobretudo se já visitou uma benzedeira ou um terreiro de Umbanda. *La limpia*, a limpeza espiritual, é um dos trabalhos mais conhecidos e poderosos envolvendo o culto da Santa Muerte. Ele deverá ser realizado preferencialmente num domingo, mas, caso seja necessário, pode ser feito normalmente em qualquer dia da semana. O método que ensino aqui é o tradicional mexicano, mas você poderá adaptar qualquer método de que eventualmente já faça uso, bastando, para tanto, pedir as bençãos da Santíssima.

Ingredientes básicos

- ❖ Vela branca (1, 3 ou 13)
- ❖ Ovo de galinha branco (1, 3 ou 13)
- ❖ Charuto
- ❖ Amarrado de folhas de arruda

Ingredientes adicionais

- ❖ Tequila ou rum
- ❖ Colônia *Siete Machos* ou de alfazema

O número de velas e ovos variará de acordo com a sua possibilidade e a finalidade da limpeza. Embora uma boa limpeza possa ser feita com uma única vela e um único ovo, prefira, se possível, usar três velas e três ovos. Caso esteja limpando alguém que foi vítima de feitiço, se puder, use treze velas e treze ovos.

Além das velas (sempre brancas) e dos ovos (preferencialmente brancos), você oferendará à Santíssima tequila ou rum e um bom charuto, cuja fumaça soprará em todo o corpo da pessoa que está sendo limpada.

Modo de Fazer

Sempre rezado e conversando com *La Blanca*, passe as velas no corpo da pessoa e as acenda no altar da Santíssima. Depois, vá passando os ovos no corpo da pessoa e depositando-os num recipiente que pode ser um alguidar de barro ou uma forma descartável de alumínio. Finalize a limpeza passando um amarrado de folhas de arruda na pessoa e colocando-o sobre os ovos. Deixe, então, o recipiente com os ovos e a arruda na porta do cemitério.

Adicionalmente, você poderá aspergir tequila ou rum na pessoa, colocando uma pequena quantidade de bebida na boca e usando os lábios para criar um efeito aerossol, bem como poderá fazer uma cruz na fronte, no peito e nas costas da pessoa com água de colônia.

Feitiço para afastar todo tipo de inveja e más energias

Este feitiço deve ser realizado na primeira sexta-feira do mês.

Ingredientes

- ❖ Um espelho quadrado
- ❖ Um cartão de oração (santinho) da Santa Muerte, que pode ser impresso da internet
- ❖ Carvão
- ❖ Óleo da Santíssima Morte
- ❖ Cola

Modo de Fazer

Cole o santinho no dorso do espelho. Acenda o carvão e coloque-o no prato. Pingue algumas gotas do óleo da Santíssima Morte e passe o espelho por sobre a fumaça, dizendo:

Ó Santíssima Morte, eu vos invoco e vos imploro que com o vosso poder removais (diga o nome da pessoa que lhe está causando problemas ou apenas peça para que lhe retire a inveja). Que a inveja e a má sorte sejam mandadas embora e que toda bruxaria e qualquer mal contra mim sejam refletidos por este espelho. Obrigado, minha Senhora.

O espelho deve ser pendurado na entrada da sua casa ou da sua empresa, para que reflita todos que entram.

FEITIÇO BÁSICO PARA O AMOR

INGREDIENTES

- Papel e caneta
- Duas velas vermelhas
- Uma imagem vermelha de Santa Muerte
  (ou uma imagem de Santa Muerte vestida com um manto vermelho ou uma figura impressa da Santa Muerte vermelha)
- Uma rosa vermelha
- Canela em pau
- Mel
- Uma maçã vermelha
- Algumas balas vermelhas

MODO DE FAZER

Escreva no papel uma carta à Santíssima explicando a ela o que você precisa como, por exemplo, um novo amor, o retorno da pessoa amada, a melhoria de um relacionamento.

Besunte as velas com mel e acenda-as no seu altar, uma de cada lado da imagem, ofereça a maçã e as balas, espalhe pedacinhos de canela sobre o altar e coloque a sua carta bem em frente à Santíssima, com a rosa em cima dela.

Depois que as velas queimarem, envolva a rosa com a carta, coloque-a embaixo do seu travesseiro e ali a mantenha por nove dias. Depois disso, esconda a rosa envolvida no papel em algum lugar do seu quarto onde só você tenha acesso.

Amuleto de proteção

Ingredientes

- Uma medalha ou rosário de Santa Muerte
- Colônia *Siete Machos* ou colônia de alfazema
- Óleo da Santíssima Morte
- Uma vela preta
- Copal

Modo de Fazer

Aqui, você trabalhará com *La Negra*. Unte a vela com o óleo e acenda-a no seu altar com as oferendas de costume (bebida, tabaco e água). Molhe a medalha ou rosário com a colônia pedindo à Santíssima que abençoe o objeto para a sua proteção. Passe-a na fumaça do copal, que estará queimando em brasas previamente acesas. Deixe a medalha ou rosário por uma semana aos pés da imagem e, durante essa semana, acenda uma vela preta para a Santíssima todos os dias, não se esquecendo de untá-la com o óleo da Santíssima Morte antes de acendê-la.

Feitiço para fazer o seu negócio crescer

Ingredientes

- ❖ Doze moedas
- ❖ Um saquinho de pano amarelo
- ❖ Incenso em vareta de canela
- ❖ Colônia *Siete Machos*, Água de Florida ou colônia de alfazema
- ❖ Um copo de água
- ❖ Uma vela dourada
- ❖ Nove colheres de açúcar

Modo de Fazer

Diante do seu altar da Santa Muerte, faça o sinal da cruz com cada uma das moedas e vá colocando-as, uma a uma, dentro do copo d'água. Misture o açúcar à água, adicione um pouco da colônia e acenda a vela.

Quando a vela acabar de queimar, você pegará seis moedas e colocará dentro do saquinho, deixando as outras seis dentro do copo d'água, que ficará sobre o seu altar. O saquinho, você esconderá no seu negócio, garantindo que ninguém o veja.

Dessa forma, você terá criado um elo entre o copo atrator da prosperidade no seu altar e esse saquinho que ficará no seu negócio. Renove o feitiço a cada seis meses ou um ano, usando sempre as mesmas moedas.

Feitiço das Sete Moedas

Ingredientes

- ❖ Uma vela amarela
- ❖ Uma imagem da Santa Muerte Amarela
  (imagem cujo manto seja amarelo ou que esteja vestida com um manto amarelo ou de papel crepom)
- ❖ Um pratinho
- ❖ Uma mão de arroz cru
- ❖ Sete moedas

Modo de Fazer

Firme a vela no centro do prato, disponha ao seu redor o arroz e, sobre os grãos de arroz, coloque as 7 moedas rodeando a vela. Acenda a vela e faça a seguinte oração:

> Ó *minha Santíssima Morte, senhora justa e piedosa, eu* (nome completo de quem está rezando) *que sou vosso servo fiel vos suplico que abrais todos os meus caminhos e que assim como sol nasce e renasce e a chuva cai sobre a terra, que o dinheiro e a riqueza se manifestem em minha vida de agora em diante. Ó minha Santíssima Morte, senhora justa e piedosa, fazei com que a fortuna e a riqueza retornem novamente ao meu lar muito rapidamente. Assim é e assim será. Amém.*

Mantenha o prato com as moedas no seu altar por sete dias, após o que, guarde-as como talismãs atrativos da prosperidade financeira.

Sébastien de la Croix

Feitiço do copo da abundância

Ingredientes

- ❖ Um copo ou uma taça de vidro
- ❖ Três moedas
- ❖ Sete variedades de grãos ou sementes
- ❖ Dois pedaços de canela
- ❖ Um ramo de alecrim
- ❖ Mel
- ❖ Uma fotografia da pessoa para que se faz o trabalho

Modo de Fazer

Numa manhã de domingo, antes que o sol nasça, diante do seu altar, coloque as sementes, devendo a foto ficar enterrada nelas (*ou seja, ponha uma camada de sementes, depois a foto e novamente uma camada de sementes*). Depois, acrescente as moedas, a canela e o alecrim, nesta ordem. Feito isso, enquanto rega o copo ou taça com mel bem lentamente, faça a seguinte oração:

Ó minha Santíssima Morte, eu (nome completo de quem está rezando) *vos invoco neste dia bendito para que, vossas próprias mãos, consagreis este copo/taça que atrairá bençãos ilimitadas à minha vida. Que este copo/taça seja o imã que atrairá ao meu lar e ao meu negócio abundância e riqueza ilimitadas. Assim é e assim será. Amém.*

Este copo ou taça, doravante, deverá ficar sempre no seu altar.

Santa Muerte

Feitiço para cortar vícios

Ingredientes

- ❖ Três velas marrons
- ❖ Uma garrafa de vidro com tampa
- ❖ Vinagre de maçã
- ❖ Álcool, cigarro ou a substância na qual a pessoa se viciou
- ❖ Algodão

Modo de Fazer

Escreva ou grave o nome da pessoa nas velas. Acenda as velas no seu altar e invoque a Santíssima. Na garrafa, coloque o vinagre de maçã e a bebida, cigarro ou substância na qual a pessoa se viciou. Feche a garrafa com força, dizendo: *"que a boca de (nome completo da pessoa) fique ácida e azeda para o seu vício em (nome da substância que causa o vício)"*. Então, chacoalhe a garrafa vigorosamente, dizendo: *"enquanto esta garrafa estiver fechada, (nome completo da pessoa) estará livre do seu vício"*. Quando as velas terminarem de queimar, jogue a garrafa num rio ou no mar, rogando à Santíssima que liberte a pessoa do vício.

Velação de cura para pedir por um doente declarado incurável

Ingredientes

- ❖ 7 velas brancas

- ❖ Carvão
- ❖ Óleo da Santíssima Morte
- ❖ Água da Santíssima Morte
- ❖ Incenso da Santíssima Morte
- ❖ Foto da pessoa na qual se escreveu o nome completo e a data de nascimento dela *(ou um pedaço de papel com seu nome completo e data de nascimento)*

Modo de Fazer

Vista as velas com óleo da Santíssima Morte e coloque-as em volta da fotografia do doente. Perto das velas, coloque uma panela ou incensário com brasas e, sobre elas, um pouco de incenso da Santíssima Morte. Esfregue as mãos e os braços com a água da Santíssima Morte para purificá-los (isso pode ser feito no início, se você quiser).

Agora, você vai ungir a pessoa que quer curar com o óleo da Santíssima Morte. Para isso, você derramará uma gota de óleo sobre o topo da sua cabeça e, com o polegar, fará uma cruz, repetindo a operação na testa, palma de cada mão, no peito, na barriga, nas pernas e nas solas dos pés. Em seguida, molhe o polegar com o óleo e faça uma cruz sobre a área afetada pela doença.

Em seguida, acenda as velas com um fósforo de madeira e ore com grande fé e voz clara a seguinte oração. Ao final, queime a foto ou o papel no recipiente onde estão as brasas.

Querida Morte, Senhora Soberana, que tem a hora marcada junto a todos os mortais, clamo-vos humildemente, sem querer ofender, sem querer mudar os Vossos desígnios, que concedais um momento de vida para (nome completo da pessoa). *Assim seja se for a Vossa vontade.*

Feitiço para ganhar dinheiro rápido

Este ritual deve ser feito numa segunda-feira às sete horas da manhã ou da noite.

Ingredientes

- ❖ Papel e lápis
- ❖ Mel
- ❖ Uma imagem da Santa Muerte com o manto amarelo ou dourado ou vestida com um manto de tecido ou papel crepom amarelo ou dourado.
- ❖ Uma vela amarela ou dourada
- ❖ Sete moedas
- ❖ Sete folhas de ouro
- ❖ Um pratinho de porcelana ou barro

Modo de Fazer

No papel, escreva seu nome completo ou o nome da pessoa para quem o ritual está sendo realizado. Depois, unte a vela com mel, coloque-a no pratinho e, à sua volta, disponha as sete moedas.

Acenda a vela e diga: "*ó bendita e amada Santa Muerte, eu decreto que hoje as portas da fortuna e da prosperidade se abrirão para mim*".

Pegue, então, as folhas de louro e escreva as seguintes sete palavras em cada uma delas: DINHEIRO, SORTE, PROSPERIDADE, ABUNDÂNCIA, OPORTUNIDADES, RIQUEZA e SUCESSO.

Então, diga o seguinte: "*ó bendita e amada Santa Muerte, eu venho humildemente pedir-vos que abrais as portas da fortuna e da prosperidade para* (nome completo da pessoa). *Eu prometo* (fazer uma promessa à Santa Muerte de um presente ou uma ação) *quando vierdes até mim*".

Agora, vá queimando as folhas de louro na vela, uma a uma, e dizendo o seguinte: "*neste momento, eu decreto que o* DINHEIRO *virá*". Repita o procedimento e os dizeres, trocando pela palavra escrita em cada folha: SORTE, PROSPERIDADE, ABUNDÂNCIA, OPORTUNIDADES, RIQUEZA e SUCESSO.

Deixe a vela queimar completamente. No dia seguinte, pegue os restos das folhas de louro queimadas, da vela e as moedas, levando-as para uma rua de comércio próspero e feliz.

Feitiço para prosperidade

Ingredientes

- ❖ 3 velas verdes
- ❖ 3 velas amarelas
- ❖ 3 velas douradas
- ❖ 3 velas prateadas
- ❖ 1 vela branca
- ❖ 13 grãos de arroz branco

- ❖ 13 feijões pretos *corn kernels*
- ❖ 13 grãos de milho
- ❖ Pó de ouro
- ❖ 13 moedas
- ❖ Um charuto
- ❖ Um prato de porcelana branca

Modo de Fazer

Fixe as treze velas no prato, ao redor da sua borda e, no meio, coloque o arroz, o milho e o feijão misturados com o pó de ouro. Sobre os grãos, arrume as sete moedas sempre invocando a Santa Muerte e dizendo-lhe de que você precisa.

Bafore a fumaça sobre ela enquanto você recita:

vem, dinheiro; vem, dinheiro, vem, dinheiro! Tenho grande fé, pois o dinheiro virá e não desaparecerá. E porque eu quero, assim será. Santa Muerte, saúdo-vos, adoro-vos. Dai-me boa sorte, felicidade, amor, saúde e muito dinheiro. Dinheiro, vem! Dinheiro, você sempre me acompanhará como o bom amigo que você é! Dinheiro, vem! Eu preciso que você não se afaste mais. Você chegará por todos os meios e será meu grande amigo para a vida. Dinheiro, vem!

Repita o procedimento por nove dias consecutivos.

Feitiço para arrumar emprego

Ingredientes

- ❖ Um prato grande branco

- ❖ 3 moedas
- ❖ 3 velas em verde, amarelo e dourado
- ❖ Imagem pequena de Santa Muerte vestindo um manto dourado de tecido ou de papel ou pequena estátua dourada da Santa Muerte
- ❖ Um pedaço de raiz de lírio (ou pó de raiz de lírio)
- ❖ 3 varetas de incenso de louro, bergamota e patchouli

MODO DE FAZER

Procure fazer este feitiço num dia de sol, ao meio-dia. Coloque as três moedas no prato, formando um triângulo. Coloque cada vela em cima de uma moeda e acenda-as. Coloque a estátua da Santa Muerte e o pedaço de raiz de lírio no centro, entre as três velas. Se não conseguir encontrar todos os tipos de incenso, pode substituí-los por olíbano, mirra ou outros incensos que atraem dinheiro, como o incenso de canela. O importante é assegurar-se de ter três tipos diferentes de incenso.

Recite o seguinte: *"Menina Dourada, estou pronto e esperando* (acenda o incenso de louro). *Menina Dourada, estou apto e disposto para este trabalho* (acenda o incenso de bergamota). *Menina Dourada, estou esperando seu chamado* (acenda o incenso de patchouli)."

Concentre-se em como seria sua vida se conseguisse esse emprego. Depois que as velas e os incensos tiverem terminado de queimar, pegue o pedaço de raiz de lírio e a imagem/estátua de Santa Muerte e guarde no bolso até conseguir o emprego. Se não conseguir encontrar a raiz, pode usar o pó, colocando-o em uma bolsa de algodão ou outro recipiente macio com a estátua, para que possa carregá-los no bolso facilmente.

SANTA MUERTE

Feitiço de destruição

Ingredientes

- ❖ Uma vela preta
- ❖ Uma fita preta
- ❖ Foto ou assinatura da vítima
- ❖ Caneta preta
- ❖ Colônia *Siete Machos*
- ❖ Um cigarro

Modo de Fazer

Recomenda-se dar a tributa à Santíssima antes de fazer este trabalho. Feito isso, escreva o nome da pessoa na vela com a ponta de uma faca. Acenda a vela e escreva o nome da vítima atrás da foto ou do papel com a assinatura. Com a caneta preta, desenhe um X sobre os olhos e a boca da pessoa na fotografia. Acenda o cigarro e bafore três vezes na foto e oferende-o à Santíssima. Passe um pouco da colônia na fita preta e, com ela, amarre a foto da vítima à foice da imagem. Durante todo o processo, reze em voz alta à Santíssima, ou murmurando, pedindo a ela os males que você quer que a vítima sofra.

Feitiço de maldição

Ingredientes

- ❖ Uma rosa preta (ou vermelha escura)
- ❖ Um copo de tequila, mezcal ou outra bebida forte

- ❖ Um chocolate
- ❖ Um cigarro, charuto, incenso de copal ou artemísia
- ❖ Uma estátua ou estampa da Santa Muerte Negra
- ❖ Nove velas pretas
- ❖ Um pedaço de corda, de preferência preta e feita de couro, comprida o suficiente para amarrar nós
- ❖ Se possível, uma foto ou, idealmente, algo que pertença à pessoa que você deseja amaldiçoar (cabelo, roupa etc.).

Modo de Fazer

Numa noite de lua minguante ou nova, no seu altar da Santa Muerte oferende de rosa, álcool e chocolate. Também sopre a fumaça do cigarro, charuto ou incenso sobre a sua Menina Negra. Acenda as nove velas negras. Agora, recite esta oração. À medida que você disser "*com este nó*", amarre cada nó na corda:

Menina Negra, Ó Santa Muerte
Ouve o meu apelo por justiça
Com este primeiro nó, selo este acordo hexagonal (nome do seu inimigo) *não dormirá,* (nome do inimigo) *não descansará com estes nós de raiva e nós de ódio.*
Discórdia tragas ao destino de (nome do inimigo).
Menina Negra,
Ouve o meu apelo por vingança
Eu amarro este segundo nó,
E enquanto amarro dois,
Discórdia tragas ao destino de (nome do inimigo).

Menina Negra,
Ouve o meu apelo por dominação
Com este terceiro nó,
E enquanto amarro três,
Discórdia e um desastre mortal tragas ao destino de (nome do inimigo), *assim como calúnia e mal, trazendo a escuridão diretamente para ele, tecendo o caos na sua mente e total escuridão no seu caminho.*
Maldição de raiva e ódio,
Acaba com (nome do inimigo); *eu não esperarei mais,*
Agora, manifesta-te, ó Menina Negra!

Enterre a corda com a foto ou objeto da pessoa em um cemitério próximo a alguém que tenha morrido jovem ou tragicamente.

VELAÇÃO PARA UM FAVOR AMOROSO

INGREDIENTES

- ❖ 7 velas brancas
- ❖ Papel e lápis
- ❖ Incenso, água e óleo da Santíssima Morte
- ❖ Uma imagem ou estampa impressa da Santíssima
- ❖ 1 carvão incandescente (eclesiástico ou de narguilé)

MODO DE FAZER

Escreva seu pedido amoroso na folha de papel e coloque a imagem ou estampa da Santa Muerte em cima.

Lave as mãos com um pouco de Água da Santíssima. Em seguida, unte as velas com Óleo da Santíssima e unte o coração e a testa com um pouco de óleo. Polvilhe um pouco de incenso sobre a folha de papel.

Acenda as velas e queime o incenso. Depois, pronuncie com muita determinação e voz clara a seguinte oração:

> *Jesus Cristo Vencedor, que na Cruz foste vencido. Vence a* (nome da pessoa amada) *que está vencido comigo. Se for um animal feroz, em nome do Senhor, ele deve vir a mim manso como um cordeiro, terno como a flor do alecrim. Comeste do meu pão e da água que te dei também bebeste, e pela ordem que já recebeste* (nome da pessoa amada) *quero que venhas humilhado e rendido aos meus pés para cumprir tudo o que eu desejo. Santíssima Morte, eu te rogo e suplico que me concedas esta graça e favor tão especial, que tragas* (nome da pessoa amada) *como eu desejo, fazendo a oferenda deste incenso do Trono de Deus e das sete velas que representam as sete estrelas da noite e os sete raios do Sol. Assim seja e assim será.*

Queime o papel na chama das velas, esfregue suas mãos e braços com um pouco de Água da Santíssima e deixe que as velas se consumam.

Feitiço contra malefícios

Ingredientes

- ❖ Foto da pessoa enfeitiçada
- ❖ 7 velas brancas

- 250 ml de água de mineral ou de cachoeira (se se tratar de uma casa, comércio etc.)
- Óleo da Santíssima Morte.
- Água da Santíssima Morte.
- Incenso da Santíssima Morte.
- Carvões eclesiásticos ou de narguilé e incensário

Modo de Fazer

"Vista" (unte) as velas com o Óleo e coloque-as ao redor da fotografia. Passe um pouco de Água da Santíssima Morte pelo seu corpo.

Se o trabalho for para uma residência ou comércio, misture uma parte de Água da Santíssima para três partes de água mineral ou de cachoeira e a borrife no local ou use-a como água de limpeza, usando um rodo e um pano para limpar o chão. Feito isso, reze a seguinte oração:

> *Morte querida do meu coração, ouvi minha prece e concedei-me meu pedido. Eu vos suplico fervorosamente, assim como Deus vos fez eterna e imortal, com vosso grande poder sobre tudo o que foi criado. Eu vos rogo e vos suplico que ponhais fim ao dano e malefício que se encontram no espírito de* (nome da pessoa) *[ou na moradia de ... nome ... ou no comércio de .... nome ...], para que junto a esta pessoa/casa/local cheguem os fluidos purificantes deste incenso e desta água e dissolvam toda iniquidade, dano e maldade. Que do espírito e da matéria de* (nome da pessoa) *[ou na moradia de ... nome ... ou no comércio de .... nome ...] saiam e fujam para sempre as forças do mal e os espíritos*

negativos. Que venham os espíritos de Luz e Alegria para proteger (nome da pessoa) *[ou na moradia de ... nome ... ou no comércio de .... nome ...] Que assim seja e assim será.*

Deixe as velas queimarem até o fim. Poderá ser necessário repetir este trabalho por sete dias consecutivos.

Feitiço de Proteção

Este trabalho pode ser feito a qualquer tempo, mas é recomendado sobretudo na época do Solstício de Verão e do Solstício de Inverno, assim como à meia-noite do dia 1º para o dia 2 de novembro.

Ingredientes

- ❖ 1 vela branca de sete dias
- ❖ 1 vela prateada
- ❖ 1 vela branca
- ❖ Água, incenso, carvão e óleo da Santíssima.

Modo de Fazer

Certifique-se de colocar a imagem ou estampa da Santíssima um pouco mais elevada do que a sua cabeça, idealmente uns 30 cm acima. Esfregue as mãos e os braços com um pouco de Água da Santíssima. Unte as velas com o Óleo da Santíssima e coloque-as em castiçais ou suportes. A vela de sete dias ficará num pratinho branco. Recite, então, a seguinte oração:

Em nome de Deus Todo-Poderoso, que vos concedeu poder sobre todas as criaturas para colocá-las na Esfera Celestial e desfrutar do Glorioso Dia Eterno, eu (nome e sobrenome), *filho/a de* (nome e sobrenome da mãe), *imploro que vos digneis a ser minha protetora e que me concedais todos os favores que eu vos pedir, até o último dia, hora e momento em que Vossa Majestade me levar à presença da Justiça Divina. Eu,* (nome completo), *vos dou, Morte do meu coração, a palavra de fidelidade até o dia, hora e momento em que o desígnio de me apresentar diante da Justiça Divina for irreversível. Que assim seja e assim será.*

Acenda a vela de Sete Dias e as outras velas. Ao acender a vela de sete dias, diga: "*Morte do meu coração, aceitai esta vela como oferenda e agradecimento.*". Ao acender a vela prateada: "*Morte do meu coração, ofereço-vos esta vela de prata para que em minha casa nunca falte o trabalho, o dinheiro, nem o pão.*". Ao acender a vela branca: "*Que a luz desta vela branca que vos ofereço ilumine meu espírito e minha mente.*" Passe um pouco de Água da Santíssima nas mãos e nos braços e deixe as velas queimarem até o fim.

VELAÇÃO PARA SER INVENCÍVEL NOS NEGÓCIOS E NO TRATO COM O DINHEIRO

INGREDIENTES

- ❖ 7 velas brancas
- ❖ Óleo, Incenso e Água da Santíssima Morte

Modo de Fazer

Escreva seu desejo numa folha de papel. Unte as velas com o Óleo da Santíssima e arranje-as em círculo ao redor da folha de papel.

Ponha um pouco de Incenso da Santíssima em brasas acesas e aplique um pouco de Água da Santíssima nas suas pernas e braços.

Acenda as velas, pronunciando a seguinte oração:

Em nome de Deus Todo-Poderoso, que vos concedeu poder sobre todos os seres para colocá-los na Esfera Celestial, para desfrutar do glorioso Dia Eterno; eu vos rogo que vos digneis a proteger o meu (negócio, empresa, trabalho, etc.), *e o façais prosperar.*

Também vos suplico que todos os favores que eu pedir me sejam concedidos, se forem do agrado de Vossa Majestade. Peço que me protejais e não me abandoneis até o último dia, hora e momento em que Vossa Majestade me levar à presença da Justiça Divina.

Em nome de Deus (fazer o Sinal da Cruz) *Pai, Deus* (fazer o Sinal da Cruz) *Filho e Deus* (fazer o Sinal da Cruz) *Espírito Santo. Amém.*

Reze três Pais-Nossos. Queime o papel com seu propósito nas brasas do incensário e deixe que as velas queimem até o fim.

Velação para pedir pela liberdade e a vida de um prisioneiro

Para esta velação, você necessitará dos mesmos elementos da anterior. Com isso, vai percebendo que o verdadeiro culto à Santíssima Morte não é complexo e não exige uma infinidade de elementos.

Modo de Fazer

Escreva numa folha de papel o nome da pessoa que se encontra aprisionada. Como anteriormente, disponha as velas ao redor da folha de papel e unte as velas com o Óleo da Santíssima. Deixe o incensário com brasas ao lado e acrescente um pouco de Incenso da Santíssima. Passe um pouco da Água da Santíssima por todo o corpo, acenda as velas e diga:

Santíssima Morte, senhora da vida e de tudo o que foi criado pela vontade e mandato de Deus Todo-Poderoso. Clamo a vós para que tenhais compaixão e ouçais esta petição feita por (nome completo de por quem se faz a reza), *para que seja liberado da prisão onde se encontra, para que a sentença que pesa contra ele seja revogada e lhe seja concedida a liberdade e a vida que Deus Todo-Poderoso determina.*

Que somente a Justiça Divina determine se ele deve viver e se deve desfrutar do ar da liberdade. Santa e Poderosa Senhora, intercedei por (nome completo de por quem se faz a reza) *e tirai-o deste abismo em que se encontra.*

Prometo ser respeitosos com a vossa sábia determinação e acatar os desígnios de Nosso Senhor e Pai Eterno. Amém.

Queime o papel nas brasas do incensário e, depois, jogue as cinzas do papel num vaso ou copo de água pura, que você então oferecerá à Santíssima.

FEITIÇO PARA TIRAR ALGUÉM DA CADEIA

Para este feitiço, você poderá trabalhar com *La Blanca* ou *La Negra*. Contudo, recomendo que você opte por *La Blanca* única e tão somente se tiver certeza absoluta da inocência da pessoa. Caso contrário, trabalhe com *La Negra*.

INGREDIENTES

- ❖ 7 velas palito brancas ou pretas (brancas para *La Blanca* e pretas para *La Negra*)
- ❖ 1 vela branca de 7 dias
- ❖ Fita branca
- ❖ Colônia *Siete Machos* ou água de Florida
- ❖ Óleo da Santíssima Morte
- ❖ 3 moedas de R$ 1,00
- ❖ Uma chave

MODO DE FAZER

Diante do altar de Santa Muerte, você irá ungir com o Óleo a vela de 7 dias e uma das velas palito, acendendo-as. Perfume a fita branca com a colônia que você estiver usando e, depois, faça 9 nós nela, mas não use muita força (deixe-os frouxos). Você, então, deverá aspergir a colônia sobre as três moedas e a chave. Então, recite esta oração e desate com calma o primeiro nó da fita:

> *Santa Muerte, com a qual todos se encontrarão, eu vos imploro que desamarreis a injustiça contra mim. Ainda que todos nós estejamos indo para a prisão da sepultura, não me deixeis ser mantido na prisão enquanto vivo. Com o poder que vos foi concedido por Jesus Cristo, tomai estas chaves e moedas e buscai a minha liberdade. Que eu seja libertado da minha escravidão e que a justiça seja feita. Amém.*

Durante sete dias consecutivos, unte e acenda outra vela e desfaça outro nó, enquanto recita a mesma oração acima. No último dia, coloque as moedas, a chave e a fita num saquinho, a fim de que possa carregá-las com você, como um amuleto, ou enviadas para a pessoa a quem você fez o trabalho.

FEITIÇO CONTRA O ALCOOLISMO

INGREDIENTES

- ❖ Uma imagem da Santa Muerte e um cartão de oração (*santinho*) da Santa Muerte, que pode ser impresso da internet (*caso você não tenha uma imagem, poderá providenciar dois cartões de oração*)
- ❖ Uma toalha branca
- ❖ Uma garrafa da bebida preferida da pessoa que sofre de alcoolismo

* Meio metro de fita roxa
* Uma dúzia de rosas brancas
* Uma vela de sete dias branca

Modo de Fazer

Cubra o altar com a toalha branca (o altar pode ser fixo ou temporário, isto é, montado apenas para este trabalho). Escreva três vezes o nome completo do enfermo no cartão de oração. Enrole o papel e envolva-o com fita roxa, de modo que ele fique inteiramente coberto.

Então, introduza o papel com a fita enrolada na garrafa de bebida e coloque-a ao lado da imagem da Santa Muerte ou sobre o outro cartão de oração. Acenda a vela e reze, por três vezes: *"Jesus Cristo vencedor, que na cruz foste vencido, por Vossa Santa Muerte, livrai (nome completo da pessoa) do alcoolismo. Ó minha Santa Muerte, eu imploro que, com vosso imenso poder, livreis (nome completo da pessoa) do alcoolismo para sempre"*.

Introduza três rosas na garrafa, de modo que os caules fiquem em contato com a bebida e as flores fiquem para fora. As outras três rosas você deixará sobre o altar. Repita essa oração por sete dias. No sétimo dia, jogue a bebida fora no vaso sanitário e enterre o papel com a fita roxa na terra. A garrafa vazia você pode jogar normalmente no lixo.

Elixir para Cortar Malefícios

Este elixir corta malefícios, limpa toda a casa e abre os caminhos dos seus habitantes.

Ingredientes

- ❖ Um charuto
- ❖ Um frasco pequeno de colônia de alfazema
- ❖ Um litro de água
- ❖ Uma cabeça de alho 1 ajo
- ❖ Açúcar
- ❖ Três velas brancas

Modo de Fazer

Acenda o charuto em nome da Santa Muerte, dizendo: *"acendo este charuto em honra da Santíssima Morte"*. Caminhe pela casa soprando a fumaça do charuto em todos os cantos e cuidando de bater as cinzas num recipiente.

Feito isso, numa panela, acrescente um litro de água, as cinzas do charuto, todo o frasco de colônia e três colheres de sopa de açúcar. Ponha no fogo e, assim que ferver, retire do fogo e tampe.

Após o líquido ter esfriado, você vai coá-lo, podendo usar um filtro de papel para café ou um pano para isso. Coloque o recipiente com o líquido já coado e acenda uma vela para a Santa Muerte dizendo:

> *"Santa Morte, pelo vosso imenso poder sobre todas as criaturas vivas, derramai vossa força poderosíssima neste líquido, para que ele se torne a água lustral que limpará minha residência de tudo que é mal, cortando qualquer malefício ou malfeito e abrindo os meus caminhos e os caminhos da minha família. Amém."*

Sébastien de la Croix

Repita essa oração por mais dois dias, sempre acendendo uma vela branca. Passados os três dias de consagração do elixir, você poderá usá-lo para umedecer o pano com o qual limpará o chão da sua casa, bem como para aspergir toda a sua residência.

Feitiço para esquecer um amor

Para deixar de pensar num amor que se foi, faça este trabalho ao nascer do sol de um domingo.

Ingredientes

- ❖ Um jarro ou pote pequeno de barro
- ❖ Um pedaço de papel de alumínio de 20 x 20 cm
- ❖ Um pedaço de papel Craft (ou rústico) 10 x 10 cm
- ❖ Um frasco pequeno de colônia de alfazema
- ❖ Uma gravura pequena da Santa Muerte de 10 x 10 cm
- ❖ Duas velas brancas
- ❖ Um pouco de terra de um vaso ou canteiro de flores
- ❖ Barbante branco

Modo de fazer

Escreva o nome da pessoa da qual se quer esquecer no papel. Coloque a gravura da Santa Muerte sobre o papel, com a face dela virada para o nome da pessoa. Dobre em três e passe o barbante até envolver completamente esse pedaço de papel dobrado. Coloque o papel com o barbante no jarro ou pote.

Derrame todo o conteúdo do frasco de colônia de alfazema por cima do enrolado de papel. Coloque, então, a terra dentro do jarro.

Feche o bem com papel alumínio, coloque-o no altar entre as duas velas, que serão acesas. Reze esta oração:

> *Atendei, minha senhora, este pedido*
> *de um devoto vosso. Peço que me ajudeis*
> *a esquecer (nome).*
> *Que eu não pense mais no amor, carinho e*
> *desejos que tenho por esta pessoa.*
> *Livrai-me, minha senhora, de todo desejo que eu tenha*
> *em relação a esta pessoa. Amém.*

Depois que as velas tiverem queimado por completo, despache o jarro junto a uma árvore ou arbusto grande.

TRABALHO PARA SE LIVRAR DE DÍVIDAS

INGREDIENTES

- ❖ Três velas amarelas (*para prosperidade*)
- ❖ Três velas roxas (*para transmutar o negativo em positivo*)
- ❖ Moedas e notas de dinheiro
- ❖ Uma imagem de ou gravura da Santa Muerte

MODO DE FAZER

Seu altar deverá ser preparado colocando-se a imagem ou estampa da Santa Muerte entre as duas velas, uma amarela e uma roxa. Ao redor, você espalhará as moedas e notas. Durante três tardes seguidas, você acenderá as velas e rezará:

> Ó, Santíssima Muerte, que cesse a penúria
> que me oprime. Em troca, eu prometo fazer o bem
> e ajudar a quem esteja necessitado, sem que morem
> em minha alma a cobiça e a inveja.

Depois que as velas do terceiro dia tiverem se queimado por completo, você pegará as notas e moedas, sairá para a rua e as entregará à primeira pessoa necessitada que lhe pedir uma esmola.

PÓ PARA A ABUNDÂNCIA

INGREDIENTES

- Duas colheres de sopa de canela em pó
- Uma colher de chá de mostarda em grão triturada
- Doze pastilhas de cânfora triturados ou pilados
- Três colheres de orégano moído
- Algumas gotas de colônia de alfazema
- Um prato de barro
- Uma vela amarela

MODO DE FAZER

Este pó deverá ser consagrado numa sexta-feira, depois das dez horas da noite. Misture a canela, a mostarda, a cânfora e o orégano. Você poderá usar um liquidificador para reduzir os ingredientes a pó. Pingue algumas gotas de colônia de alfazema, tomando o cuidado de não deixar a mistura molhada. Acenda a vela amarela e faça a seguinte oração:

> *Pela virtude que Deus vos deu,*
> *peço que me liberteis de todos os malefícios,*
> *perigos e enfermidades, e que, em seu lugar,*
> *dai-me a prosperidade e a abundância*
> *de que tanto necessito. Minha Senhora, eu vos peço*
> *que com este pó eu alcance dia a dia*
> *o êxito econômico. Amém.*

Deixe que a vela se queime por completo e seu pó estará pronto. Você pode soprá-lo na sua casa, no seu comércio, na sua carteira, no seu carro ou onde queira atrair prosperidade.

Posfácio
Fechando os Olhos

Caminhando conscientemente em direção à morte, construímos, segundo a filosofia, um vaso melhor. Até que sejamos capazes de escolher a morte, não podemos escolher a vida. Até que possamos dizer não à vida realmente não dissemos sim a ela, mas fomos apenas levados por sua corrente coletiva. A experiência da morte é necessária para separarmo-nos do fluxo coletivo da vida e descobrirmos a individualidade. A individualidade requer coragem.

James Hillman[7]

---

[7] Suicídio e alma, Editora Vozes, 1993.

A ideia por detrás do livro que tenho o privilégio de posfaciar foi a de ser um devocionário de rezas fortes e tradicionais que compila costumes do *folk catholicism* mexicano, do *catolicismo popular* ou *catolicismo mágico*, como o autor propõe como uma alternativa de tradução, de maneira honesta, sem floreios ou vernizes que os distanciem do que de fato eles são. Sébastien de La Croix nos diz exatamente isso: *as coisas são como são, não como gostaríamos que elas fossem.* Hoje, num contexto histórico onde práticas religiosas heterodoxas possuem algum espaço para se mostrarem mais abertamente, talvez essa colocação não fosse necessária caso este livro abordasse apenas um culto subversivo e herético do catolicismo. Mas esse não é o caso. As páginas que aqui foram lidas tiraram a Morte da cova e, expondo seus ossos já sem a carne às nossas vistas, dizem respeito ao culto à sua *personificação*. Tratando-se de um culto em torno da nossa Comadre, com quem desenvolvemos intimidade e, por meio das preces, dialogamos no cotidiano, esse cuidado torna-se essencial: precisamos nos posicionar claramente a respeito do influxo coletivo de tornar o culto à Santíssima em mais uma expressão da espiritualidade *coca-cola* descompromissada. O momento em que a Comadre é transformada em algo que não seja *"ela tal como ela é"*, ou seja, a própria Morte, simplesmente demarca o momento em que deixamos de cultuá-la. Minha ideia ao rascunhar o esqueleto das poucas linhas que se seguirão e que darão um desfecho a esta publicação é apontar como esse livro deve ser tratado como algo precioso e necessário.

De um ponto de vista filosófico, mas também psicológico ou da alma, não há quem possa considerar ter se defrontado com a vida se não estiver disposto a se atracar de maneira profunda com a morte. É o que já há muito nos enunciou Platão [Fédon 64], que nos legou a importante tradição da filosofia como a busca da morte e do morrer. Sébastien de La Croix, logo no início desta obra, assertivamente nos alerta sobre o desconforto ou mesmo choque com o sistema de crenças pessoal que o leitor poderia experimentar no transcorrer da leitura. O autor chega a brincar com a obviedade do que considerava, ainda assim, importante de ser enunciado com clareza: *ninguém que tenha problemas com a ideia da morte, que tenha medo dela, que não a aceite como fim inexorável de todos nós poderá cultuar a Santíssima. Não se pode, com uma mão, dar-lhe presentes, pedindo-lhe dádivas e, com a outra, negá-la ou temê-la.* Por mais que sua importância fundamental seja uma percepção desconfortável para a vida, é muito simples a constatação de que nossas preocupações profundas trazem em si o problema da morte. É que a morte e a existência podem se excluir pela reflexão racional, mas estão muito longe de serem antinomias ou opostos para a alma. A morte pode ser encarada e encarnada, ela mesma, como uma condição existencial, pode ser experimentada como um estado de ser, e é nesse sentido que filosofar pode equivaler a adentrar a morte e a filosofia pode se tornar um ensaio da morte.

  A psicologia profunda, aquela que postula a existência de um inconsciente, ao atravessar a carne que apodrece em busca dos ossos que permanecem e estruturam a alma e a personalidade, também chegou a um modelo de compreensão do indivíduo que desnuda certas "metáforas básicas" que estão por detrás e que sustentam suas complexas cosmovisões. Buscando uma forma simples de apresentar essa formulação, isso quer dizer que adotamos modelos de pensamento a respeito do mundo e de nós mesmos que não são exatamente conscientes ou cuidadosamente elaborados, mas que são como lentes alicerçadas em nossa alma e a partir das quais podemos enxergar o que existe em nosso entorno e também o que existe dentro de nós. Essas metáforas básicas são nossos vieses, a maneira como os arquétipos constelam em nossas vidas, os olhos através dos quais vemos o mundo, nossos mitos, nossos sintomas, nossas formas de nos relacionarmos, nossas cosmovisões... e, claro, também o que imaginamos existir após nos encontrarmos com a morte e, sobretudo, nossa maneira de morrer. Da perspectiva da alma, "como" vivemos implica em "como" morremos.

Ao discorrer sobre o exame da morte por meio do estudo da alma, James Hillman ressuscita a imagem do antigo filósofo naturalista, muitas vezes também médico, que meditava com um crâneo sobre a mesa. Conforme sua reflexão, esse tipo, o filósofo com o crâneo, não apenas encarava a morte do ponto-de-vista da vida, como um médico provavelmente o faria, mas via através das órbitas da caveira. Afinal, vida e morte chegam ao mundo juntos – os olhos e as órbitas que os contêm nascem ao mesmo instante. E, nessa esteira, a morte poderia ser tomada como uma grande metáfora por meio da qual podemos olhar para a vida. Da perspectiva da alma, a morte não é meramente um momento tal qual definido pela medicina ou pelo direito, mas um processo contínuo. Dessa forma, uma boa vida significa uma boa morte, ou ainda, para termos uma boa morte precisamos ter uma morte em vida.

O que Hillman fez para a psicologia profunda, recolocando a morte em seu trono de direito, assumindo-a como um desejo e uma necessidade da alma e uma metáfora que inaugura uma importante cosmovisão, é o mesmo que Sébastien de La Croix nos induziu a fazer em nossa vida no transcurso das páginas que compõem este livro. Se isso foi possível de ser experimentado pelo leitor que pôde enfrentar as próprias resistências e realmente entronizar a Comadre em sua alma, isso se deu pela fidelidade de sua escrita quanto a tradição folclórica popular, que inclui aspectos agradáveis e bonitos, outros desagradáveis e temerosos. Não é também a alma que se expressa nas tradições populares? Ao sermos expostos de uma maneira tão honesta à uma tradição popular, somos expostos à alma em suas necessidades e desejos. Não há como um leitor atento passar por um livro como esse sem, em primeiro lugar, olhar para o desconforto originado pelo tema da morte e, em seguida, se aproximar, paulatinamente, do imaginar como é olhar para a vida pelas órbitas da caveira.

A morte sempre é imaginada como o elo final do processo do envelhecimento, tanto que toda morte anterior ao círculo completo é considerada prematura. Mas é inegável que no momento que nascemos já temos idade suficiente para morrer e que, à medida que vivo, estou morrendo. A morte é o único absoluto na vida, é o legítimo fim para ela; quer dizer, vivemos para morrer. E o momento para a morte, que não poderia ser honestamente definido a não ser em termos de ser "a qualquer momento", é então cada momento. Empreender esse movimento, que é o de viver a morte em vida, é tirar a agudeza da morte orgânica, incapaz de desfazer as realizações fundamentais da alma. Como enuncia a elocubração hillmaniana, *a morte orgânica tem poder absoluto sobre a vida apenas quando não se permitiu a morte no seio da vida* – isso é, quando a vida fica irrealizada. Ainda que, enquanto vivos, nutramos a fantasia de que a morte não exista – e nossa cultura é *expert* quanto a esconder a concretude de sua inevitável realidade; basta nos recordarmos que a primeira coisa que fazemos quando nos deparamos com um corpo é fecharmos seus olhos e cobri-lo para que nossos olhos também sejam fechados – voltar nossos olhos justamente para esse tema é em si um morrer para fora do mundo, como também um morrer para dentro da vida. O vital torna-se o essencial e percebemos que *morte é um nome possível para movimento e transformação*. Para dar lugar à transformação, a morte aparece. E ela é favorecida pela alma interessada na mudança. Quanto mais imanente for a proximidade da morte, maior a possibilidade da transformação. Uma morte da alma é exigida quando nos aproximamos do tema da morte, mas isso ocorre diariamente, enquanto também morre o corpo em seus tecidos. Como disse, a morte é uma continuidade na qual entramos a cada momento, não apenas um momento conforme a perspectiva médica ou legal. Vida e morte se contêm mutuamente, completam-se reciprocamente, e a vida adquire valor pela morte.

Em meu breve texto, utilizei a palavra *alma* algumas vezes sem, contudo, ter buscado elucidar esse conceito. É claro que não é para a ciência que devemos nos voltar para tentarmos encontrar uma descrição do que a alma é – tal como também não é para a ciência que devemos olhar para compreendermos o que é verdadeiramente a morte. Quando escrevo em termos de alma, e da perspectiva da alma, a metáfora-básica que se apresenta é que o humano é compreensível por conta de possuir um *significado interior* que é sofrido e experimentado e que é capaz de transformar diferentes eventos da vida em verdadeiras experiências. Na psicologia profunda, esse processo de transformação foi chamado de soul-making, "fazer alma", que em nossa língua, a fim de que o sentido original fosse preservado, muitas vezes é referido como o processo do "cultivo da alma". Na alquimia, os junguianos encontraram um rico arcabouço simbólico de imagens e conceitos que puderam ser remetidos a esse mesmo processo. Tratando-se de um processo fundamentalmente de movimento e transformação, não é de se surpreender que a primeira fase dos procedimentos alquímicos é justamente a da obra em negro ou *nigredo*, a etapa da morte e da putrefação, quando os ossos são descolados do corpo para que, na próxima etapa, possam ser trabalhados. Em termos simbólicos, essa fase é ricamente ilustrada por imagens de cadáveres, ossadas, corvos, ampulhetas, crânios... O ponto que gostaria de levantar é que a degustação das experiências pela alma a engorda, a cultiva, mas não é o corpo que ganha peso, são os ossos que se tornam mais fortes, robustos e que ficam à mostra. A ciência, em diferentes momentos, buscou postular onde poderia ser a residência da alma em nosso corpo. Ela foi imaginada instalada em nosso sopro, em nosso coração, em nosso cérebro, em alguma glândula. A leitura do livro de Sébastien de La Croix me leva a imaginar que a alma habita próxima aos nossos ossos. E é nesse contexto que se torna possível dizer com clareza: a alma.

SANTA MUERTE

Interessantemente, como nos diz Sébastien de La Croix, a Comadre não é apenas a Rainha da Morte, mas também uma jovem alegre que se encanta com tudo o que o mundo tem a oferecer de bom. Cultivar sua presença é também cultivar leveza alegre e pueril. Não à toa que, ao escrever essas linhas, estou me inspirando em uma fotografia da Santíssima que foi tirada na cidade do México, em 2015, na Marcha do Orgulho. Deixo com que a alma converse com essa imagem. Ela diz muito. Nela, vejo a Comadre em sua face branca, entronizada com sua majestosa coroa e coberta pela bandeira arco-íris do movimento LGBTQIA+. Nela, também vejo que a Santíssima olha para a mesma direção que os manifestantes, que se colocam ao seu lado. É como o autor nos diz: porque somos todos iguais diante da morte, porque todos inevitavelmente morreremos e porque todos temos a própria Santa Morte dentro de nós, ela não julga a ninguém e conta com toda uma pluralidade de indivíduos entre seus devotos. Ela abraça a todos de maneira indistinta.

Se a morte orgânica iguala a todos no momento final da história de vida de cada indivíduo, quando a presença da morte é cultivada na vida, ela igualmente acolhe a todos. As órbitas do crânio são a metáfora viva necessária para o acolhimento indistinto. Ironicamente, no coração dessa heresia encontramos residência de um sentido oculto que é absolutamente cristão – ou que deveria ser. Depois da leitura desse livro, acredito que o leitor não achará estranho que indivíduos que batalham diariamente por suas identidades e existências, muitas vezes nos contextos sociais onde os índices de violência, assassinato e suicídio são os mais exacerbantes, justamente os indivíduos forçados a enfrentar sua própria mortalidade e eventual morte para serem o que são, abracem a Comadre e nela encontrem conforto.

Aqui, sigo pela esteira do pensamento de Camus, que no *Mito de Sisyphus* propõe que o julgamento sobre a vida valer ou não a pena de ser vivida equivale à questão fundamental da filosofia. Aqui, também estou concordando com Paul B. Preciado[8] em sua proposição de que, hoje, o mundo é disfórico. O mundo, tal como organizado a partir da cosmovisão dominante, não mais se sustenta. A crise é política, ecológica, religiosa, sanitária, ideológica... A alma convulsiona e a mudança necessária não é abstrata, pois, sem ela, não há futuro. A crise é de cosmovisão e exige uma mudança de paradigma. A morte é transformação e se há algo que possamos fazer pelo mundo isso necessariamente nos levará a olhar através das órbitas do crânio. Insisto – a alma quer a morte, esse livro é necessário.

Viva La Santíssima!

Mar Tau Arius Pelicanus, Ep.Gn.

---

[8] Dysphoria mundo: o som do mundo desmoronando, Zahar, 2023.

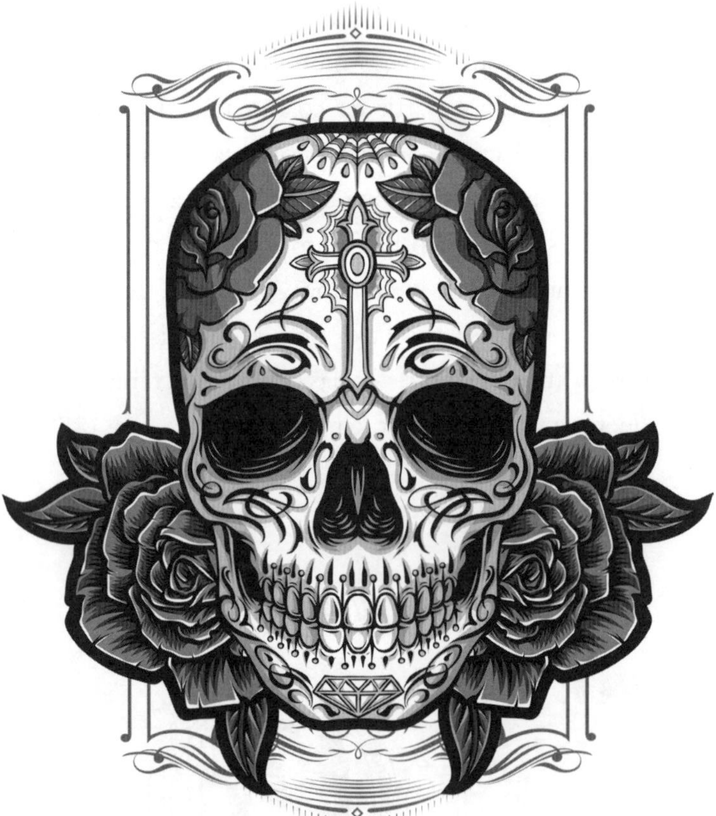

Referências

ALI, ConjureMan. Santisima Muerte: How to Call and Work with Holy Death (Guides to the Underworld) Hadean Press. Edição do Kindle.

ARIDJIS, Eva, dir. *La Santa Muerte*, Navarre, 2008.

BORNIO, Antonio del. *La Santa Muerte*. Edição do Kindle, 2008.

BRAGG, Steven. La Santisima Muerte: A Guide for the Three-Robed System, edição do autor, 2020.

BUENAFLOR, Erika. Cleansing Rites of Curanderismo: Limpias Espirituales of Ancient Mesoamerican Shamans, Rochester: Bear & Company, 2018.

BUSTILLO, Arnold. Santa Muerte 101: Answers and Explanations for Curious Readers and New Devotees. 2020.

CHESNUT, R. Andrew. *Devoted to Death*, New York: Oxford University Press, 2012.

DAVILA, Laura. Mexican Sorcery: A Practical Guide to Brujeria de Rancho, Newburyport: Red Wheel Weiser, 2023.

DEVINE, Mary. *Magic from Mexico*, St. Paul: Llewellyn, 2000.

IVANOVA, Max. *Libro De Oraciones Santa Muerte: Novena, oraciones y pactos!* (Colección De La Santa Muerte nº 1), edição do Kindle, 2021.

_____. Libro De Oraciones Santa Muerte (Segunda Parte): Sellos, oraciones y pactos! (Colección De La Santa Muerte nº 2), edição do Kindle, 2021.

_____. *El Libro Negro De La Santa Muerte* (Colección De La Santa Muerte nº 3), edição do Kindle. 2022.

_____. *Los Símbolos De La Santa Muerte* (Colección De La Santa Muerte nº 4), edição do Kindle, 2022.

_____. *El Libro Amarillo De La Santísima Muerte* (Colección De La Santa Muerte nº 5), edição do Kindle, 2023.

KAIL, Tony. Santa Muerte: Mexico's Mysterious Saint of Death, Fringe Research Press. Edição do Kindle, 2010.

LEWIS, Oscar. *Los hijos de Sánchez. Autobiografía de una familia mexicana*, 1ª edição, Cidade do México: Fondo de Cultura Económica, 2012.

LOPEZ, Renata. Santa Muerte: The History and Rituals of the Mexican Folk Saint, Creek Ridge Publishing, 2021.

PALMER, Vere. La Santa Muerte: Conoce los Orígenes, Misterios y Secretos de la Santa Muerte (Spanish Edition), edição do autor, 2022.

PAULO, S.. *La Biblia de la Santa Muerte,* Cidade do México: Editores Mexicanos Unidos, 2008.

_____. *The Holy Death Bible with Altars, Rituals and Prayers*, Garden Grove: Calli Casa Editorial, 2022.

PÉREZ, Robert. Nuestra Señora de la Santa Muerte: Spells, Altars, and Offerings & Prayers for the Saint of the Dispossessed, Enemy of Church and State, edição do Kindle, 2022.

ROLLIM, Tracey. Santa Muerte: the History, Rituals and Magic of Our Lady of the Holy Death, Newburyport: Red Wheel Weiser, 2017.

RUELAS, Valeria. The Mexican Witch Lifestyle: Brujeria Spells, Tarot, and Crystal Magic, Nova Iorque: Simon Element, 2022.

STONE, Cressida. *Secrets of Santa Muerte*, Newburyport: Red Wheel Weiser, 2022.

Santa Muerte

Seu culto tradicional, suas poderosas orações e seus feitiços infalíveis

Uma publicação da Arole Cultural

Acesse o site
www.arolecultural.com.br